全国学力テストはなぜ失敗したのか

全国学力テストはなぜ失敗したのか

学力調査を科学する

川口俊明
KAWAGUCHI Toshiaki

岩波書店

はじめに

本書の目的

全国学力・学習状況調査（以下、全国学力テストと呼びます）が２００７年度に始まってから、すでに10年を超える月日が流れました。毎年のように都道府県ごとの順位が報道されますから、それほど教育に関心のない方でも、国が全国規模の学力テストをしているという話は知っていると思います。教育問題に関心を持つ人であれば、全国学力テストをめぐって、いろいろな議論が戦わされていることも知っているかもしれません。

本書は、全国学力テストの現状と問題点について述べた書籍です。はじめに結論を述べておくと、このテストは失敗しています。なぜなら、現行の全国学力テストは毎年数十億円という予算をかけて実施されているにもかかわらず、関係者たちが当初期待していたような目的を果たせないどころか、さまざまな混乱を引き起こしているからです。

たとえば学力テストをすることで、子どもたちや学校の教員のあいだに競争が生まれ、日本の学力が上がると考えた人たちがいます。残念ながら、かれらの目的が達成されたかどうかはわかりません。なぜなら、子どもたちの学力が上がったかどうか判断する方法が無いからです。全国学力テストでは、毎年まったく内容の異なるテストが行われています。ですからテストの正答率が上昇しても、それが子どもたちの学力が上がったためなのか、それともテストの難易度が変わったためなのかわからないのです。さらに困ったことに、競争だけが子どもの学力に影響を与えるわけではありません。学力が上がったのは、塾に行く子が増えたためかもしれませんし、カリキュラムが変わったためかもしれません。考えうるさまざまな要因のうち、たしかに競争が学力を上げたと主張するには、それ相応の調査設計や分析が求められるのですが、現行の全国学力テストはそのような要求を満たすことができていません。

全国学力テストをすれば、高い能力を持つ教員や頑張っている教員を見つけ出し、その働きに報いることや、逆に指導力の足らない教員を排除することができると考えた人たちもいました。しかし、かれらの望みも叶いません。現行の全国学力テストは、ある一時点の学力しか測っていないからです。これでは学力の高い学校が見つかったとしても、それがもともと学力の高い学校だったのか、それとも教員の努力が学力を向上させたのかわかりません。やっかいなことに、学校の平均正答率には、教員の努力より、その学校がどのような地域に立地しているかという要因のほうが遥かに強く関係しています。ある学校の学力が高い理由を調べてみたら、教員が優れている／頑張っているといったことが要因ではなく、単に経済的に恵まれた家庭の子どもが多いだけだったということは少なくないのです。

全国学力テストの結果をもとに、より有益な教育政策を立案できるようになると考えた人たちもいます。残念なことに、現行の全国学力テストは教育政策の立案に必要となる正確な情報を取得することに失敗してしまいました。詳しくは本編で説明しますが、現行の全国学力テストは調査設計に問題があるため、データに歪みが生じやすくなっています。さらに教育政策の立案には、子どもたちの家庭環境に加え、教員の学歴や指導方針といった情報も必要になるのですが、現行の全国学力テストはこうした情報もほとんど取得できていません。

全国的な学力テストを行うことで、一人一人の子どもの学力実態を知ることができ、教員の指導の役に立てることができると思った人たちもいました。かれらは、対象となる学年のすべての子どもがテストを受験する悉皆《しっかい》形式で、全国学力テストを実施することを主張しました。悲しいことに、かれらの主張は空回りし、指導の役に立つどころか自治体間・学校間の順位競争や平均正答率競争を引き起こした挙げ句、教員がテストの結果に過敏に反応せざるを得なくなる状況を作り出すことになりました。

なぜ、こんなことになってしまったのでしょうか。その答えは、科学的な大規模学力調査の方法論を知らないまま、無理矢理に全国学力テストを設計・実施してしまったからです。現行の全国学力テストは全国学力・学習状況調査と名乗ってはいますが、大規模学力調査の方法論をほとんど踏まえておらず、単に教室で実施する学力テストを全国規模でバラまくだけの代物になってしまっています。私が、全国学力・学習状況調査ではなく、全国学力テストと呼ぶ理由はそこにあります。

本書では、こうした失敗だらけの全国学力テストが、なぜ生まれ、そしてなぜ維持されてしまっているのか解き明かします。「失敗学」(畑村2005)という考え方がありますが、なぜ失敗したのか分析しなければ、次に成功することはできません。本書を読めば、現行の全国学力テストの問題点を知ることができるだけでなく、どうすれば全国学力テストを全国学力調査に改善することができるのか学べるでしょう。

本書を執筆した動機

ここでなぜ私がこのような本を書くに至ったか、その動機を説明しておきましょう。

私は、福岡教育大学という学校の先生を養成する大学で、教員を務めています。もともとは日本の学力格差について研究をしていました。学力格差とは、保護者の学歴・年収・職業、あるいは本人の性別や出身地といった、個人が生まれ持った社会的な要因(これを社会的属性と言います)によって学力に差が生じる現象です。そんなことは当たり前だと思う人もいるかもしれません。しかし、日本の学力格差に関する研究は、諸外国のそれと比べるとまったくと言っていいほど進んでいません。

大きな理由は、肝心要の子どもの学力に関するデータが少ないからです。とくに保護者の年収や学歴といった要因まで含めて分析できるデータは、2020年現在でも数えるほどしかありません。独自の学力テストを実施している自治体や研究機関は少なくないのですが、ほとんどの場合、受験者の家庭環境を知る方法がありませんし、そもそもデータが厳重に秘匿されていて一部の研究者しか扱うことができないのです。

研究の世界では、研究成果を他の研究者が検証することができるよう、データを可能なかぎりオープンにすることが求められるようになってきています(三輪・佐藤2018)。にもかかわらず、日本では世界水準の学力格差研究をすることが不可能なことはもちろん、他国の研究を真似ることすら容易ではないのです。

2007年に全国学力テストが始まったとき、私はまだ大学院で研究を始めたばかりでしたが、ほとんど利用できるデータがないという現状を、このテストが打破してくれるかもしれないと少し期待していました。ところが実際に始まったテストは、これまでの学力テストと同じで、家庭環境に関する質問もなく研究者にすらほとんどデータが公開されないという代物でした。それから10年以上の月日が過ぎましたが、2019年にようやく一部のデータが公開されるようになっただけで、状況はあまり変わっていません。この間、他国がさらに研究を充実させていることを思えば、日本の学力格差研究はますます世界から遅れを取ったことになります。

ことは研究の世界の問題に留まりません。教育政策という面から見ても、現行の全国学力テストの在り方は問題です。もともと日本の教育政策は、現状をきちんと把握して実施されるということがほとんどありません(布村2013)。その時の関係者の何となくの思い込みで、特段の根拠になるデータもないまま開始されるということがしばしばあるのです。全国学力テストも例外ではありません。現行の全国学力テストも、学術的な議論をすっ飛ばし、ひどく乱暴な方法で実施されています。このような「調査モドキ」が問題を引き起こさないはずがありません。

幸いなことに私は２００９年に大学に職を得ることができたので、全国学力テストの現状について論文や報告書を書く傍ら、行政に改善を訴えてきました。その努力が認められたのかどうかわかりませんが、現在は全国学力テストに関わる文部科学省の専門家会議の一員として、全国学力テストのより良い在り方について意見を述べています。

ただ、こうした活動をしていて実感するのは、専門家がいくら文句を言っても、いったん定着してしまった全国学力テストはなかなか変わらないということです。一般の人々が関心を持たないと、政治家や教育行政は動きません。現状を変えるには、一人でも多くの方が全国学力テストに関心を持ち、「これはおかしい」という声をあげなければならないのです。

これが本書を執筆した主な動機です。本書では、現行の全国学力テストの問題点をできるだけわかりやすく説明するとともに、望ましい全国学力調査の在り方について解説することにしました。専門的な用語もできるだけ避けたつもりですので、ほとんど予備知識がなくても読み進められると思います。その一方で、やむなく省略した議論については、なるだけ参考文献を補うようにしています。ですから本書は、大規模な学力調査について勉強したい方への最初の入門書としても機能すると思います。

中学生・高校生だったときにあまりにもたくさんの学力テストを経験してきたせいか、私たちは学力テストについて「よく知っている」と思っています。しかし、全国学力テストを考える上では、こうした「知っている」という感覚が邪魔になることがあります。この本を手にとってくださった方の中には、全国学力テストについて、いろいろと言いたいことがある方も少なくないでしょう。その意見を否定するわけではありませんが、それはいったん脇において、まずは本書に書かれている大規模学力調査の知識について知ってほしいと思います。

こうした知識の中には、直感的には納得し難いものも少なくありません。たとえば直感的には、すべての対象を調べたほうが調査の精度が高くなるように感じます。しかし大規模学力調査においては、すべての対象者を調査すると、逆に調査の精度が下がってしまうこともあるのです。こうした事態がうまく想像できないという人は、まずは本書を読み、それからあらためて全国学力テストの在り方について考えてみてください。これまでと違った見解にたどり着くかもしれません。

なお、本書は全国学力テストの問題点と改善策を主題としていますが、議論の射程はテストの在り方に留まるものではありません。詳しくは第4章や第5章で扱いますが、全国学力テストの問題は、単に学力調査はどうあるべきかという技術的な話を超え、日本の教育行政の構造や教員養成の問題など、幅広い日本の教育の在り方全般とつながっています。その意味では、本書は全国学力テストを切り口に、日本の教育問題全般について議論するものであるとも言えます。本書の議論を通して、全国学力テストのみならず、日本の教育の在り方について考えるきっかけとしていただければ、筆者としてはこの上ない喜びです。

目次

はじめに　v
本書の目的　v
本書を執筆した動機　viii

第1章　全国学力テストをめぐる混乱――1
1　都道府県の順位競争　2
2　市町村別・学校別の平均正答率を公表する　5
3　全国学力テストの結果を評価に反映させる　10
4　学校現場の疲弊　12
5　専門家たちの批判　15
6　文部科学省の責任は？　19

第2章　全国学力テストの歴史と概要――23
1　１９５０〜６０年代の全国学力テスト　23
2　40年の空白と学力低下論争　27
3　全国学力テストはなぜ求められたのか　30
4　全国学力テストの設計　40
5　全国学力テストが明らかにしたこと　52
6　２０２０年現在の全国学力テスト　57
第3章　ＰＩＳＡから学ぶ学力調査の科学――63
1　ＰＩＳＡ調査の概要　64
2　学力をどう測るか　68
3　社会調査の考え方　84
4　背景指標を取得する　90
5　ＰＩＳＡから知るのが難しいこと　95

第4章　全国学力テストはなぜ失敗したのか――97
1　全国学力テストは学力を測っていない　97
2　「指導のためのテスト」と「政策のためのテスト」　101
3　全国学力テストの根本問題　104
4　「実態を把握する」という発想がない日本の教育　111
5　「学力テストを作るのは簡単だ」という思い込み　116

第5章　全国学力調査を再建するために――123
1　今すぐにできること――既存のデータを活用しよう　123
2　何のために全国学力調査が必要なのか　131
3　理想的な全国学力調査はどのようなものなのか　136
4　実態把握を大事にする文化を育てよう　146

ブックガイド　155
大規模な学力調査のデータに触れる　156
テスト理論を学ぶ　159

社会調査を学ぶ　161
家庭環境と学力について学ぶ　162
因果推論を学ぶ　164
日本社会について学ぶ　165

おわりに　167

いつまで失敗を続けるのか？　167
謝辞　173

参考文献　177

第1章　全国学力テストをめぐる混乱

２００７年度の開始以降、文部科学省による全国学力テストは日本の教育現場に大きな影響をもたらしました。もっとも劇的な変化は、都道府県(あるいは市町村・学校)間でテストの平均正答率を比較する順位競争が始まったことです。学力向上は多くの自治体・学校の合言葉になりました し、中には学力を上げるためにテストの成績を子どもや教員の評価と連動させることで奮起を促そうとするところも現れました。もちろん、こうした変化を否定的に捉え、全国学力テストの目的や設計について厳しい意見を述べる人も少なくありません。その意味では、全国学力テストは日本の教育現場に賛否両論の「混乱」をもたらしたと言っても良いと思われます。そこで議論を始めるにあたり、全国学力テストの影響と、それに対する批判を整理してみましょう。

1　都道府県の順位競争

全国学力テストは全国各地にさまざまな影響を与えましたが、中でも影響の大きかったものが、おそらく都道府県別の平均正答率の公表です。毎年8月になると、新聞、テレビ、インターネットなどで都道府県の順位が報道されますから、教育にそれほど関心がなくてもご存じの方も多いでしょう。もう少し詳しい方になると、(年度によって多少の変化はあるものの)秋田県や福井県の学力が高く、大阪府や高知県、あるいは沖縄県の学力が低い傾向にあることも知っているかもしれません。

最初に断っておきますが、全国学力テストで公表されているのは、都道府県別の正答率だけではありません。文科省の調査研究機関である国立教育政策研究所のホームページ(1)には、出題されたすべての設問とその正答例、個々の設問の正答率、児童生徒の生活実態に関する質問紙調査の回答傾向などが示されています。朝食を食べている子どものほうが学力が高いといった学力テストと生活実態調査の関連の分析も行われていますし、子どもたちが苦手な問題を克服するための授業アイディア例も掲載されています。

さまざまな情報が掲載されているとは言っても、都道府県ごとの正答率というのは、多くの人の関心を惹きやすいものです。実際、２００７年に第1回全国学力テストの都道府県別の正答率が公表されて以降、毎年のように都道府県の正答率ランキングが作成され、その順位が報道されてきましたし、順位の高低の要因をめぐる議論も行われてきました。

当然ですが、全国学力テストの順位は、各都道府県の教育施策に大きな影響を与えます。中でも大阪府・高知県・沖縄県といった、全国学力テストの成績が下位だった地域の教育委員会では、なんとしても下位を脱出することが最重要課題になりました。これら府県の教育委員会では、成績上位の県を訪問して教えを請うたり、独自の学力調査を行ったりと、さまざまな努力が行われています。教育委員会のみならず、首長や議会も巻き込んで学力向上策が議論されることも少なくありません。

一方で成績上位の自治体が安穏としているかというと、そうではありません。良い成績を修めると、今度はそれをどう維持するかが問われます。下位の自治体は学力向上に必死ですから、追い抜かれないように上位の自治体も努力を重ねなければなりません。結果、秋田県や福井県といった成績上位の自治体も学力向上に躍起になり、県を挙げて全国学力テストに向けた対策が行われるようになったとも言われています(2)。

その意味では、もっとも全国学力テストの影響が小さかったのは、中程度の成績を修めた県だったと言えるでしょう。下位の県ほど学力向上に必死になる必要はありませんし、上位の県のように無理に成績維持に努める必要もありません。都道府県教育委員会などへの聞き取り調査によ

(1) https://www.nier.go.jp/kaihatsu/zenkokugakuryoku.html

(2) 「全国学力テスト　事前練習に追われる学校現場　授業が進まない」https://news.yahoo.co.jp/byline/ryouchida/20180829-00094820/

って、実際にこうした動きが生じていることを示した研究も存在します(志水・高田編2012)。

全国学力テストの影響は都道府県だけの問題では終わりませんでした。「過度な競争につながらないように」という理由で、文科省は都道府県別の正答率しか公表していませんが、個々の都道府県教育委員会は自分のもとにある市町村の成績を知っています。そして当然ですが、上位から下位に至るまで、いずれの都道府県にも成績の高い市町村と低い市町村が存在し、同じ市町村内にも成績の高い学校と低い学校が存在します。現行の全国学力テストは出題された問題のうち何問正答したかを示す、正答率を学力の指標としていますので、満点に近い自治体や学校には成績を向上させる余地があまりありません。ですから、都道府県の教育委員会が順位を向上させるためには、成績の低い学校や地域に、どうにかして正答率を高めてもらう必要があるのです。

こうした事情があるため、全国学力テストが開始されて以降、都道府県別の正答率はもちろん、その下にある市町村や学校の正答率にも注目が集まるようになっていきました。要するに、どの地域・どの学校が「足を引っ張っているのか」がクローズアップされるようになったのです。結果として都道府県の中には、個々の市町村や学校に圧力をかけようとするところも現れます。ご存じない方も多いと思いますが、都道府県の教育委員会は、公立の小中学校を直接管理しているわけではありません。基本的に公立の小中学校は、市立(あるいは町立・村立)学校であり、市町村の教育委員会の監督下にあります。そのため、都道府県教育委員会が個々の学校に直接命令を下すことは簡単ではありません。次節で取り上げるように、全国学力テストをめぐっては、都道府県の首長が市町村ごとの正答率を公表して学力向上を促すことの是非が争点になることがありますが、首長がこうした行動を取る理由の一つには、各学校に直接働きかけることが難しいという都道府県の事情があると考えられます。

ここで補足しておくと、全国学力テストの参加主体は、実は都道府県教育委員会ではなく市町村教育委員会です。都道府県教育委員会にしてみれば、自分たちがテストに参加することを決めたわけでもないのに、正答率が公表されて、その結果責任を問われる構造になっているわけで、少々理不尽に感じるかもしれません。

2　市町村別・学校別の平均正答率を公表する

全国学力テストがもたらした影響のうち、次に注目が集まりやすいものは、市町村別・学校別の平均正答率の公表でしょう。2007年に全国学力テストが始まった当初、文科省は市町村や各学校の正答率の開示に消極的でした。全国学力テストが開始される直前の06年に行われた専門家会議でも、「調査結果の分析を踏まえた今後の改善方策等を併せて示すなど、序列化や過度な競争をあおらないような工夫や取組が必要である」という提言が行われています(3)。当初の実施要領でも、都道府県ごとの正答率だけは文科省が公表するものの、各都道府県は市町村や学校ご

(3)「全国的な学力調査の具体的な実施方法等について(報告)」http://warp.ndl.go.jp/info:ndljp/pid/286794/www.mext.go.jp/b_menu/shingi/chousa/shotou/031/toushin/06051213.htm

との正答率を公表しないことが求められていました。

詳しくは第2章で触れますが、この姿勢には1950年代から60年代に行われていた全国学力テストの反省が表れているのだと思います。当時の資料を読むと、都道府県の激しい順位競争が行われ、いくつかの県ではテスト対策のみならず、教員がテスト中に子どもに答えを教える不正さえ見られたようです。また、テストの実施に反対する教職員組合を中心に、学力テストのボイコットといった妨害行為が各地で行われていました。こうしたさまざまなトラブルが原因となり、当時の全国学力テストは10年ほどで終了しています。

仮に新しい全国学力テストで都道府県のみならず市町村の正答率や個々の学校の正答率を公表するとなれば、当時と似たようなことが起こる可能性があります。全国学力テストへの批判も高まるでしょうし、最悪の場合は全国学力テストが中止に追い込まれるかもしれません。このような事態は文科省の望むところではなかったと考えられます。市町村や学校ごとの正答率を公表しないという文科省の方針は、多くの教育委員会や学校現場の教員の考えにも沿うものだったようで、全国学力テストの実施に対する教育現場からの反発は、それほど大きくありませんでした。

しかし2007年に全国学力テストが開始されると、市町村別・学校別の成績を公表しないという文科省の方針に異論を唱える動きが、教育現場の外側から現れるようになります。そこには、大きく二つの理由があったように思われます。

一つは、自治体ごとの正答率を公表することで、市町村教育委員会や学校に圧力をかけ、奮起を促そうという発想です。2008年に府内の市町村ごとの科目別正答率を開示した、大阪府の橋下徹元知事はこのパターンです。当時の大阪府は2年連続で全国学力テストの正答率が全国平均を下回っていました。橋下氏は、批判を恐れてテスト結果を公表しない閉鎖的な教育委員会の体質にその原因があるとして、市町村教育委員会に自らの自治体の正答率を自主公表するように要請したのです。保護者に自分の子どもたちの状況を知らせることで、教育委員会や学校が切磋琢磨するようになるというのが橋下氏の持論です(橋下・堺屋２０１１)。

こうした考えを持つのは橋下氏だけではありません。２０１３年には静岡県の川勝平太知事が、全国学力テストの国語Ａの成績が全国平均を上回った小学校の校長名を公表しました。「小学校の校長は、その学校全体の教師の授業力・指導力をあげる責任をもっているので、責任をもっている者の氏名を公表する」というのが知事の主張です(4)。ここにも、テストの正答率をもとに学校現場に奮起を促そうという発想が見て取れます。

知事らがこのような発想に至るのはそれほど不思議なことではありません。第1節で見てきたように、全国学力テストに関する報道では都道府県別正答率の順位が毎年クローズアップされるため、成績の低い都道府県は何らかの対応を迫られます。そうは言っても、都道府県教育委員会は、直接に各小中学校を管理しているわけではありませんから、学校や教員に働きかけることは容易ではありません。そのため、大阪府のように学校を管理する市町村の正答率を開示させたり、静岡県のように直接正答率の高い学校を示すことで各学校に発破をかける作戦に出たりすること

(4) http://www.pref.shizuoka.jp/governor/governor20130920.html

は、（それが望ましい成果に結びつくかどうかはさておき）十分に考えうる選択肢なのです。

もう一つ、学校に圧力をかける以外の理由で、市町村あるいは学校別の正答率の開示を求める人たちがいます。こうした人々の背後にあるのが、全国学力テストは少なくない税金を使って実施している調査なのだから、その結果を広く公表する責務があるという情報公開の発想です。2008年、都道府県別の成績がトップクラスだった秋田県で、当時の寺田典城知事が市町村別の正答率を公開しています。このとき知事が理由に挙げたのが、この情報公開の原則でした。寺田知事は、記者会見で「公教育はプライバシーを除いて公開が原則だ」と語ったとされています。(5)

全国学力テストのデータは公教育に関する情報なのだから、文科省や学校現場の判断で非公表にするのではなく包み隠さず公表するべきだという意見は、2007年以降、全国各地で見られるようになっていきます。09年には鳥取県が情報公開を理由に、全国学力テストの学校別正答率を、全国で初めて公表しました。その後も、情報公開条例に基づく開示請求により、埼玉県や横浜市などで学力テストの市町村別、あるいは学校別の正答率が公表されています。(6)

ここまで見てきたように、全国学力テストの市町村別（あるいは学校別）の正答率の公表をめぐっては、公表することが好ましくないと考える文科省や教育委員会に対して、公表することが好ましいと考える人々が批判を加える形で議論が展開されてきました。当初は市町村別・学校別の正答率の公表は好ましくないとしてきた文科省ですが、各地で公表を求める声が高まってきたことを受けてか方針を転換し、2014年度から市町村別・学校別の成績の公表をするかどうかは参加主体である市町村の教育委員会が判断することに改めています。そのため現在では、市町村別や学校別の成績を公表している自治体も少なくありません。

市町村別・学校別の成績を公表しない／するといういずれの立場が正しいのかという点は、ここではひとまず置いておきましょう。なぜなら、どちらの考え方にも「一理ある」からです。成績を公表した結果、各学校が少しでも正答率を上げようと不正に走ったり、あまりにもテスト対策に偏った授業が行われるようになると考える人は、前者の立場に立つでしょう。一方で、不正はダメだが点数競争自体は好ましいことであると考える人や、情報公開を大事にする人々、あるいはテストを使って学校や教員を評価することが重要だと考える人たちにとってみれば、不正が起こるかどうかわからないのに一律に公表を禁止しようとする前者の人たちは心配性すぎると見えるでしょう。あるいは大阪府の橋下元知事のように、変化や評価を拒む学校現場があえて公表を避けていると捉えるかもしれません。

実は、こうした全国学力テストの市町村別・学校別の正答率を公表するべきか否かという議論は、現行の全国学力テストの目的や調査設計が中途半端であるために生じたものです。適切に調査を設計すれば、こうした議論はそもそも生じる余地がありません。どのような学力調査の設計が好ましいのかという点については、第3章以降で説明します。

（5） http://www.asahi.com/edu/student/news/TKY200812250319.html
（6） 戸澤（2010）を参照してください。

3　全国学力テストの結果を評価に反映させる

第1節で、現行の全国学力テストの結果の公開方法が、各都道府県の順位競争を誘発しやすいことを指摘しました。市町村・学校別の平均正答率を公表し、教育現場に奮起を促そうとする試みは、その一つの現れだと言えるでしょう。2015年になると、さらに踏み込んで学力テストの結果を子どもや教員の評価と連動させようという動きが、大阪府・大阪市で見られるようになります。

まず大阪府では、2015年度の全国学力テストの中学3年生の学校別の成績を、その学校の通知表の5段階評価(いわゆる内申点)と連動させるという方針が発表されました。全国学力テストの正答率が高い学校に所属する生徒の内申点を高くし、逆に低ければ低くするというのです。これまで大阪府の中学生の内申点は、それぞれの所属する学校での成績だけをもとに決められていました。そのため、たとえば数学で5という評価を得たとしても、それが全体的に成績の高い学校での5なのか、それとも低い学校での5なのかで意味が異なると批判する人も少なくなかったのです。

全国学力テストの都道府県順位で低位に沈んでいた大阪府は、この批判に目をつけ、全国学力テストの順位向上に利用することにしました。具体的には、正答率の高い学校は内申点が5や4の生徒を多くしてもよいし、逆に低い学校は1や2の生徒を増やさないといけないということにしたのです。入試というのは自分の将来に直結する問題ですから、大阪府の生徒は大いに全国学力テストに向けて努力するようになるでしょう。同時にこれは、内申点の正当性に疑問を持つ人たちへのアピールにもなるはずです。目論見通り、大阪府の2015年度の全国学力テストの順位は、それまでの最下位に近いところから中位へ大きくジャンプしました。

もっとも大阪府の方針は、もともと想定されていた全国学力テストの利用方法を大きく逸脱するもので、異論や反発の声も少なくありませんでした[7]。最終的に、当時の下村博文文科大臣が、大阪府の方針は全国学力テストの主旨に沿わないものであり、2015年度は特例として認めるものの、それ以降は全国学力テストの成績を通知表の成績と連動させるようなことは認めないと宣言し、ひとまずこの問題は決着します。現在は、大阪府の中学校の内申点は、全国学力テストではなく、大阪府独自のテストの成績と結びつけることになっています。

全国学力テストの成績で評価されるのは、子どもだけではありません。2018年には、大阪市で全国学力テストの結果を教員評価と結びつけるという方針が発表されました。全国学力テストの正答率が高い学校の教員の給与を上昇させ、そうでない学校の教員の給与は下げるというのです。大阪市がこのような方針を打ち出した理由には、17年度から公表されるようになった政令指定都市別の全国学力テストの正答率が影響しています。大阪市の成績は17年度・18年度

（7） 日本経済新聞「大阪府教委、中3内申点に学テ活用を決定　全国初」https://www.nikkei.com/article/DGXLASDG10H3L_Q5A410C1CC0000/

ともに政令指定都市の中でもっとも低かったのです。危機感を抱いた当時の吉村洋文市長が、「結果に対し責任を負う」として、このような制度を提案しました。(8)

教員の能力によって給与水準に差をつけるべきだという議論は、以前から行われていました(苅谷・金子2010)。ただ、教員の能力を評価するのは容易ではないですし、学校が育てる能力は学力テストで測れる能力ばかりではないという見方が支配的であったこともあって、単純に学力テストの高低を教員の給与と結びつけることは行われてきませんでした。吉村市長の提案は、こうしたタブーを破った点が新しいと言えるでしょう。この方針は大きな反響を呼び、賛否両論の議論が戦わされました。そこでは、特定の学年のテスト結果を他学年の教員の給与にも反映してよいのか、正答率は学校の教員の努力を反映しているのか、全国学力テストの目的外使用ではないかといった論争が行われています。(9) 最終的には、当初の全国学力テストを利用するという案は修正され、大阪市や大阪府が独自に実施している学力テストを教員評価に利用するということで、現在に至っています。

4　学校現場の疲弊

全国学力テストが与えた影響の中で、最近社会問題として認識されるようになってきたものが学校現場の疲弊です。第1節で見てきたように、都道府県ごとの平均正答率を公表するという全国学力テストの方針は、とくに点数の低い自治体や学校にプレッシャーを与える傾向があります。

そのため、成績の低い地域や学校で、学力テスト対策に偏った指導が行われているのではないかという指摘は当初からありましたし、全国学力テストが実施される4月末に向けて、4月初めは学校がテスト対策に追われているというエピソードも紹介されてきました(尾木2009、志水2009)。ただ、1950〜60年代の全国学力テスト実施時とは違い、テスト対策に偏った指導が行われているという批判は、現行の全国学力テストを中止させるほどの大きな声にはなっていませんでした。

全国学力テストによる学校現場の疲弊という問題が大きく取り上げられるようになってきたのは、教員の労働環境の問題がクローズアップされるようになった2017年頃からです。当初はとくに中学校の部活動指導の過重負担の問題に焦点があたっていましたが、次第に教員の働き方全般に渡って問題があることが認識されるようになり、教員の働き方を抜本的に見直すべきだという議論へとつながっていきました(内田ほか2020)。

こうした動きの中で、全国学力テストも学校現場を疲弊させる要因となっていることが指摘されるようになってきたのです。たとえば全国学力テストの順位が10年連続でトップクラスだった福井県では、ある一人の中学生の自殺をきっかけに、教員が子どもに向き合う時間が取れていな

(8) 産経新聞「大阪市長「学力テスト結果、給与反映」方針に広がる波紋、渦巻く賛否 「教員の危機意識ない」に文科相は慎重判断要請」https://www.sankei.com/west/news/180811/wst1808110012-n1.html

(9) 論争に直接言及したものとして、赤林(2018)、あるいは畠山勝太氏の論考「大阪市が目指す教育改革は「最先端から2周遅れ」の間違った改革だ」(https://gendai.ismedia.jp/articles/-/56868)があります。

いこと、学力日本一を維持することが無言のプレッシャーとなっていることが問題視され、県議会が意見書を提出するに至りました[10]。

また、教員の過重労働など学校現場の問題に目を向ける内田良氏は、「全国学力テスト　事前練習に追われる学校現場　授業が進まない」と題した記事[11]をYahoo!ニュースに投稿し、大きな反響を呼んでいます。この記事の中では、岩手県や石川県で、全国学力テストに向けて事前練習を行っている学校が相当数存在しており、通常の授業の時間が奪われていることが報告されています。

教員の働き方の問題には、教員の時間外勤務を実質的に「タダ働き」としてきた給特法の存在や、教員の仕事を無定量に増加させてきた昨今の教育改革の動向など、さまざまな要因が絡まっており、全国学力テストだけに批判が向けられるものではありません（内田ほか2020）。ただ、現行の全国学力テストは「足を引っ張っている」下位の自治体や学校に努力を要求する構造になっていますから、学校現場の疲弊につながる一因となっていることは否定できません。

2019年度の全国学力テストでは、中学3年生に対して、各学校のパソコンを利用した英語の「話すこと」「聞くこと」調査が行われましたが、この調査は、ことに学校現場への負担が大きいものでした。もともと日本の学校のICT環境はそれほど整っているわけではありません[12]。にもかかわらず、無理にパソコンを使った調査を導入したために、各地の学校が事前準備に追われることになりました。機器トラブルも少なくなく、19年度の「話すこと」調査では、実に5%程度の学校が未実施に終わるといった問題も生じています[13]。

5　専門家たちの批判

全国学力テストについては、多くの教育の専門家たちも、否定的な見解を示しています。肯定的な専門家を探すほうが困難かもしれません。教育の専門家たちは、全国学力テストのどのような点を問題視したのでしょうか。ここでは、全国学力テストをめぐる専門家の見解をまとめます。

まず批判されたのが、学力の定義です。そもそも学力とは曖昧な言葉です。テストの点数を学力と呼ぶ人もいるでしょうが、「学ぶ力」や「意欲」といった測ることの難しいものを学力と呼ぶ人もいるでしょう。また、一口にテストで測れる学力と言っても、記号を選択するマークシート方式のテストと、自身の考えを記述するテストの点数を同列に並べてよいのかと考える人もいます。このように「学力」という言葉一つを取り上げても、問題はなかなかに複雑です。実際、日本の教育学者たちは、学力とは何なのか、それは測ることができるのかといったことについて、

(10)「福井県の教育行政の根本的見直しを求める意見書(案)」https://www.pref.fukui.lg.jp/doc/gikai-giji/giankekka/gianshingi-2017_d/fil/201712_hotsugi36.pdf
(11) https://news.yahoo.co.jp/byline/ryouchida/20180829-00094820/
(12) PISA2018によると、日本の学校におけるICT機器の利用率は、OECD諸国の平均を大きく下回っています(国立教育政策研究所編2019)。
(13) たとえば、朝日新聞の「新導入英語「話す」テスト、5%が未実施　全国学力調査」(https://www.asahi.com/articles/ASM4M6FTKM4MUTIL05H.html)などを参照してください。

激しい論争を繰り返してきました（松下２０１７）。

学力とは何かという論争は、現在も続いています。おそらく最近もっとも論争の的になっているのは、ＰＩＳＡという国際的な学力調査でしょう。詳しくは第3章でも触れますが、ＰＩＳＡ調査は、ＯＥＣＤという国際的な経済団体が２０００年から実施している調査です。ＰＩＳＡは、これからの社会で必要となる「知識や技能を活用する力」を測っているとされており、これまでのテストのように学校で身につけた知識の量を測るだけではないという「新しさ」が注目を集めてきました。最新のＰＩＳＡ２０１８では、紙と鉛筆を使ったテストではなく、コンピュータを利用したテストへ移行したことから、その「新しさ」にさらに磨きがかかったと言えるでしょう。全国学力テストの出題もＰＩＳＡの影響を受けており、従来のテストのように「知識を問う」Ａ問題と、ＰＩＳＡのように「活用力を問う」Ｂ問題が出題されることになりました。

しかし、全国学力テストのＢ問題に批判を加えた教育学者は少なくありませんでした。全国学力テストのＢ問題はＰＩＳＡの影響を受けたと言われていますが、実際には、Ｂ問題とＰＩＳＡ調査の測っている学力のあいだにはズレが存在しています。よく例に取り上げられるのが、ＰＩＳＡ調査の「落書き」に関する設問です[14]。この設問は、落書きを犯罪だと考えるヘルガと、落書きはアートだというソフィアの二人の手紙を比べて、どちらが主張として優れているかを述べさせるというものです。ポイントは「自身の考え」は別にして、二人の意見のどちらが優れているかを問われているという点です。主張への賛否は別にして、論述スタイルの巧拙に着目させていると言っても良いでしょう。このようなタイプの設問は、全国学力テストのＢ問題ではほぼ目にすることがありません。なぜなら落書きをアートだと考え、その正当性を主張するソフィアの意見は、日本社会では好ましくないものであり、そういった意見はそもそも問題として不適切とされるからです。ＰＩＳＡ調査と全国学力テストのあいだには、こうしたズレがあちこちに存在しています。この点については、あらためて第3章でも取り上げましょう。

中には、全国学力テストが依拠するＰＩＳＡ調査自体に批判を加える専門家も存在します（松下２０１４、高山２０１８）。いくら「新しい」と言っても、ＰＩＳＡ調査は西洋社会で設計された調査ですから、その内容は、日本を含む非西洋諸国の価値観を十分に反映しているわけではありません。たとえば、日本の国語教育の実践は、ＰＩＳＡ調査の設計とはほとんど関わりがありません。それにもかかわらず、「これからの社会で必要になる力」を測ると標榜するのは傲慢と言ってもよいでしょう。これらの批判は、学力を測るという行為自体に潜む問題点を、鋭く指摘していると言えると思います。

次に批判が集まっているのが、全国学力テストの実施方法です。とくに同学年のすべての子どもがまったく同じテストを同時に受験するという悉皆《しっかい》実施の形態は、強い批判を浴びてきました（苅谷２００８：１３９－１４２）。一般的な社会科学の見解に従うなら、学力テストに限らずあらゆる調査において、調査対象となるすべての人を調査する必要はありません。調査対象が増えれば増えるほど、予算や時間がかかるからです。

(14) たとえば八田（２００８）を参照してください。

一方、社会調査や統計学の知識を応用すれば、調査対象から適切に対象者を選ぶことで、すばやく安価に知りたいことを知ることが可能です。こうした事情を知る多くの教育研究者たちは、日本の子どもたちの学力実態を知るのに、１００万人規模の全国学力テストを実施する必要はなく、一部の子どもを抽出調査すれば十分であると主張してきました(北野ほか２０１８：２７−２９)。

加えて、悉皆実施は本章で述べてきたほとんどの問題と関係があります。悉皆実施をしなければ、教育委員会や学校の正確な平均正答率・順位はわかりませんから、都道府県間の順位競争など起こりようがありません。順位競争がなければ、各学校の成績を公表しようという人も現れないでしょう。情報の公開を望む人も、抽出実施であれば、必ずしも自分たちの関係する自治体・学校のデータが得られるとはかぎりませんから、無理に公開せよとは言わないはずです。仮にすべてのデータを公開せよというのであれば、市町村名や学校名を匿名化して公開すれば十分でしょう。１％程度の抽出率であれば、教員の疲弊も最小限に抑えられます。

他にも、全国学力テストの悉皆実施が、学校や教員の教える自由を束縛し、子どもたちの学びを制限していると批判する人もいます。全国学力テストが実施されて以降、各自治体や学校の正答率・順位に注目が集まる中で、学校や教員は、対象教科である国語と算数(数学)の成績を上げることに集中せざるを得なくなりました。このような状況では、テストに関係しない社会の知識を教える必要性は減少しますし、音楽や図工、あるいは体育といった教科にも力を入れづらくなるでしょう。国語や算数(数学)にしても、たとえば数学の公式の背後にある数学者たちの議論の歴史といった、直接テストに関係しない学びは、省略せざるを得なくなります。これでは、子どもたちの豊かな学びを実現することはできないというのが、かれらの主張です(北野ほか2018)。全国学力テストをめぐる教育学者たちの批判は、これだけではありません。現行の全国学力テストを実施するためには、毎年数十億円という予算が使われています。開始から10年を超えた現在、すでに数百億円もの税金が投入された計算になります。ただでさえ教育現場の多忙が叫ばれる昨今、この予算を別のところに使ったほうが良いのではないかという声もあがるようになってきています。

断っておきますが、こうした教育学者の批判は、つい最近になって行われたものではありません。多くの批判は、全国学力テストが開始された直後、あるいは開始される以前から行われてきたものなのです。教育の専門家たちが、開始される以前から問題点を指摘していたにもかかわらず、そして実際に都道府県の順位競争や市町村別・学校別の正答率の公表をめぐって、さまざまな混乱が生じているにもかかわらず、それでも実施され続けているのが、現行の全国学力テストの状況であると言えるでしょう。

6　文部科学省の責任は?

本章の最後に、全国学力テストの実施主体である、文科省の責任について触れておきましょう。私たちは都道府県別の平均正答率が公表されると、どうしても順位の低かった都道府県、あるいは足を引っ張っている市町村や学校に目を向けてしまいがちです。しかし、そもそも問題を引き起こしているのは、都道府県別の正答率を公表している文科省です。文科省がこうした公表方式を取らなければ、少なくとも都道府県別の順位競争は起こらなかったはずです。

全国学力テストに関して少なくない責任を負っているにもかかわらず、文科省の態度には、かなり曖昧なところがあります。実は、文科省は都道府県別の正答率を、直接順位がわかる形では公表していません。国立教育政策研究所のホームページに掲載されているのは、都道府県別の正答率だけで、順位はついていないのです。公開されているデータを並び替え順位をつけて報道しているのは、マスメディアの人々です。もちろんパソコンを使えば容易に並び替えることができるので、文科省が公表していると考えてもほとんど差し支えないのですが、あくまで順位を作成しているのはマスメディアなのです。このようにして、文科省自身は「過度な競争が起こらないように」配慮をしているというポーズをとっています。

市町村別・学校別の平均正答率の公表についても、文科省の態度はかなり曖昧です。実施要領を見ると、「過度な競争が起こらないように配慮すること」は重要だと言いつつ、市町村の判断で公表することは認められています。公表によって学校現場に波紋が生じていることは事実なのですが、その責任は公表を決断した自治体にあって、学力テストを実施した文科省にはないというわけです。

責任の話をすると、そもそも前述のとおり全国学力テストの参加主体は、市町村教育委員会です。勘違いされやすいのですが、全国学力テストは文科省が各自治体・学校に「強制」しているわけではなく、あくまで自治体が「協力」して実施されているのです。参加が任意であるにもかかわらず、全国の公立小中学校が100%参加しているというのも不思議なことですが、文科省自身には全国学力テストに自治体が参加するよう強制する法的な権限はありません。

このように、全国学力テストは誰が実施や結果に責任を持っているのか非常に曖昧なテストなのです。はっきり主張せず互いに察し合う日本文化の表れと言えば聞こえはいいのですが、これだけ影響が大きく、専門家からの批判も少なくない全国学力テストが、このような状態で続けられているというのは、あまり好ましいことではないでしょう。

2020年現在、政治の世界では、全国学力テストを見直そうという動きが一部にあるようです。[15] しかし「そもそも何が問題なのか」「誰がテストに責任を持つべきなのか」といった肝心なことが曖昧なままに改革をしても、おそらく問題は解決しないでしょう。ヘタをすれば、より大きな問題が生じる可能性もあります。

このような状況を踏まえ、本書では全国学力テストを一から整理し直してみたいと思います。続く第2章では、全国学力テストがどのような調査として生み出されたのか、その歴史について振り返ってみます。全国学力テストはそもそも何のために始まったのでしょうか。また、なぜ現在のような設計になったのでしょうか。こうした点を振り返ってみることにしましょう。

(15) 教育新聞「全国学力調査、廃止含め見直し検討 自民党教育再生実行本部」https://www.kyobun.co.jp/news/20191008_06/

第2章　全国学力テストの歴史と概要

全国学力テストは、いつ、誰が、どのような意図で始めたのでしょうか。そして、その調査設計や出題されている問題はどのようなものでしょうか。都道府県ごとの平均正答率やその順位に注目が集まる一方で、こうした全国学力テストに関する基本的な情報は、意外と知られていないように思います。そこで第2章では、全国学力テストの歴史やそこに込められた思想、調査設計などの概要を見ていきましょう。

1　1950〜60年代の全国学力テスト

最初に確認しなければならないことは、現行の全国学力テストが、日本で初めての全国的な学力テストではないという点です。第1章で少し触れましたが、実は1956〜66年までの11年間にも、文部省（現在の文科省）が主導する全国的な学力テストが実施されていました。当時の状況を知ることは、現行の全国学力テストを理解する上で重要です。そこでまずは、全国学力テストの歴史を振り返ることから始めましょう。

1950年代に全国的な学力テストが求められた背景には、敗戦直後の日本における教育が子どもたちの学力を低下させているのではないかという素朴な不安があったと言われています(金馬2004)。当時の日本では、教師が体系的・画一的に子どもに知識を教え込むのではなく、実生活の課題に応じて体験的に学ぶことを大事にする、いわゆる「戦後新教育運動」が広まっていました。教育学を学んだ方の中には、「なすことによって学ぶ」「問題解決学習」といった言葉を聞いたことがある方がいるかもしれません。これは、子どもたちが日常生活の中で直面するさまざまな課題を題材に、子どもの関心を重視しながら学んでいくという学習法です。

ただ、子どもの関心を最優先にする学習というのは、理念としてはわかるものの、行き過ぎれば、当たり前の漢字を書けない・簡単な計算もできないといった状況が生じるのではないかと懸念を示す人もいるでしょう。当時の人々も同様だったようで、日本の子どもたちの学力低下を憂慮する声は日増しに高まっていきました。教育学者や自治体の中には、自ら学力テストを実施し、子どもたちの学力実態を把握しようとする動きも見られるようになります。

残念ながら、こうした調査が学力の低下を証明できたわけではありませんでした。もともと戦前の学力実態を知ることのできるデータが存在しませんでしたし、肝心の教育内容自体が大きく変わっていましたから、そもそも学力の変化を把握するという発想自体に無理があったのです。当時の調査報告書でも、「新教育運動」を学力低下の要因と言えるかどうかは判然としていません。

もっとも、こうした動きの中で、日本の子どもたちの学力水準に関心を寄せる人が増えたことだけは確かです。そんな中、子どもたちの学力実態を検証するという目的で、文部省が、特定の地域に留まらない全国的な学力テストを実施することになったのです。1956年度に初回のテストが行われ、全国の小学6年生・中学3年生・高校3年生が参加しました。ただ、このテストは現行の全国学力テストとは違い、一部の子どもたちだけを対象にした抽出調査でした。また、調査対象となった教科は、国語と算数(数学)だけでなく、理科や社会、あるいは音楽・図工・家庭、さらに保健体育が含まれており、かなり多様な教科の学力を測定しようとしていたことがうかがえます。

当時の全国学力テストの最大の発見は、志水(2009)によれば、「学力の地域間格差」に関する事実であったとされています。住宅地域・商業地域・山村地域・漁業地域といった、子どもの居住する地域類型別に集計された学力テストの結果によると、地域によってだいたい15点から20点ほどの成績差が生じていたようです。現行の全国学力テストで似たような集計を行った場合、こうした差はほとんど検出されませんから、地域による教育条件の差(当時の言葉でいう「都鄙《とひ》格差」)は、1950年代には、かなりリアルな教育問題だったのでしょう。

当初の調査の抽出率は数%(小学校・中学校)だったのですが、自発的に参加を希望する学校も加わって、実際には小学校・中学校では4分の1程度の学校が参加していたようです。その後も調査参加を希望する学校は増え続け、1960年代には90%を超える学校が参加するようになります。対応するように抽出率も上昇し、61年度には中学校の調査は、すべての学校が参加する悉皆実施になりました。その後、65年度に再び抽出調査に戻った後、66年度に全国学力テストは終了することになります。開始から11年目のことでした。

全国学力テストが11年で終了した理由ですが、これは当時の日本教職員組合（日教組）を中心とする大規模な反対運動と、準備教育の加熱にその原因を求めることが一般的です（志水2009、浦岸2010）。折しも1950年代後半から60年代は、教員の勤務評価を行うことが要求され、学校で教える内容を示した学習指導要領が法的拘束力を持つようになったことで、教育行政による学校・教員の実践への制約が強まった時期でもありました。こうした変化と軌を一にした全国学力テストの実施とその拡大は、国家による教育内容に対する統制であると見做されたのです。日教組はテストの実施に強く反発し、全国各地でボイコット運動が展開され、数十人の逮捕者も出たとされています（日本教職員組合1997）。当時の教育基本法が、教育内容に対する国家の介入を制限する内容だったこともあって、各地で全国学力テストの適法性を問う訴訟が相次ぎました。

加えて、拡大していく全国学力テストは否応なく都道府県間の点数競争を激化させ、各地でテストの準備のための教育が行われるようになっていったようです。当時の資料によれば、とくに競争の激しかった香川県や愛媛県では、学力テストの成績を向上させるため、テストの当日に成績の悪い子どもを休ませることが組織的に行われていたとされています（香川・愛媛「文部省学力調査問題」学術調査団1964）。こうした事態も全国学力テストへの批判を高めました。最終的に当時の灘尾弘吉文部大臣も全国一斉の学力テストに弊害があることを認め、1965年度に抽出調査への規模縮小、66年度の調査を最後に中止へと至ったのです。

2　40年の空白と学力低下論争

1967年以降、日本には、しばらく全国的な学力テストが存在しない時期が続きます。もっとも国による学力テストが完全になくなったわけではありません。80年頃からは、教育課程実施状況調査と呼ばれる学力テストが定期的に実施されています(大槻2011)。ただ、この調査は、個々の設問への回答傾向を調べることが主な目的で、調査結果を教科の「学力」として報告しませんでしたし、抽出調査で都道府県別の成績もわからないため、それほど世間の注目を集めることはありませんでした。

状況が大きく変わったのは、2000年頃から始まった「学力低下論争」がきっかけです。当時、マスメディアなどを中心に、教科書の内容を削減する、いわゆる「ゆとり教育」の弊害に関する議論が世間を騒がせていました。当初は大学生の学力低下に端を発した論争でしたが、実際に小中学生の学力が下がっているという調査結果を発表する研究者(苅谷ほか2002)も現れ、大論争になったのです。(1)

(1)　当時の経緯は、市川(2002)のまとめに詳しいので、関心のある方は、そちらを参照してください。

論争の結末について語る前に、焦点となった「ゆとり教育」について少し説明しておきましょう。今でこそ「ゆとり」という言葉には、「常識が身についていない」「勉強していない」といった否定的なイメージがつきまといます。しかし、もともと「ゆとり教育」は、知識の詰め込みばかりが重視され、子どもの関心や意欲を大事にしないとされる1970年代以前の日本の教育への反省から生まれたものなのです。当時の日本は、高度経済成長を終え、先進国の仲間入りを果たそうとしていました。そんな中、旧態依然とした学校の詰め込み教育や画一的な授業は、追いつけ追い越せが目標だった時代の遺物として、批判的な目を向けられるようになっていたのです。折しも、受験戦争や落ちこぼれが社会問題化していたことも、「ゆとり教育」の推進を後押ししました。

1980年以降、「ゆとり教育」の理念に従った改革が、次々と実施されるようになります。これまでの一斉授業による詰め込み教育は「旧《ふる》い」学力を育てる教育であり、これからは、個々の子どもを主人公とする「新しい」学力を育てなければならないと言われるようになりました。一連の改革は、その後、関心・意欲・態度の重視、生活科の新設、そして「生きる力」の育成と「総合的な学習の時間」の導入へとつながっていきます。

もっとも、こうした「ゆとり教育」路線に不安を覚える人は少なくありませんでした。学習内容を削減するのですから、どうやっても学校で得られる知識の量は減少します。極端な話、基本的な漢字が書けないとか、簡単な計算もできないといった子どもを増やしてしまうかもしれません。これはちょうど、第1節で述べた戦後すぐの「新教育運動」に対する不安と同じようなものです。要するに２０００年前後の学力低下論争とは、１９５０年代の全国学力テスト実施直前の状況が50年の時を経て再現されたものだったと考えても良いでしょう。ただし、両者には大きな違いがありました。

それは、１９５０年代の学力低下論争では学力が下がったことを証明できないままだったのに対し、２０００年代の学力低下論争には、確かに学力が下がったという決定的な「証拠」があった点です。「これからの社会で求められる新しい能力」を測っているという触れ込みで注目されていたＰＩＳＡ調査において、日本の読解リテラシー(2)の成績は２０００年の５２２点から０３年には４９８点へと急落しました。学力低下論争のさなかのその低下は、日本の子どもたちの学力低下という印象を決定づけたのです。

実のところ、果たしてＰＩＳＡ２０００から２００３の読解リテラシーの低下が「ゆとり教育」の影響だったのかどうかは、議論の余地があります。先ほど触れたように、日本の「ゆとり教育」は１９８０年頃から段階的に進んできたものですから、本来は８０年代と２０００年代の日本の成績を比較して「ゆとり教育」の成否を議論するべきです。ＰＩＳＡ開始以前のデータがないとは言っても、２０００年と０３年の成績の変化だけを取り上げて論じるのは、かなり無理があると言えるでしょう。

(2) ＰＩＳＡ調査の Reading Literacy は、一般的な邦訳では「読解力」なのですが、本書では「読解リテラシー」と訳します。ＰＩＳＡ調査の詳細については、第3章で説明します。

そもそもＰＩＳＡ調査設計者の一人であるマーガレット・ウー氏は、日本の２０００年から０３年の読解リテラシーの低下が、ＰＩＳＡ調査の設計に由来するものである可能性を指摘していました(Wu 2009)。実際、調査設計が修正された０９年のＰＩＳＡ調査では、日本の読解リテラシーは００年と同程度の５２０点に回復しています。日本では、これを教育政策の変更の結果と捉える向きも少なくありませんが、ウー氏の指摘が正しいのであれば、この間の読解リテラシーの成績の変化は、単にＰＩＳＡの調査設計の変更によるものだったのかもしれません。もっとも、このような指摘が日本で顧みられることはなく、世論においても「学力低下」は決定的な事実として扱われるようになっていきます。

現行の全国学力テストは、このような状況の中で「復活」しました。それでは、なぜ全国学力テストが求められたのでしょうか。続いて、このテストが必要とされた理由を整理してみましょう。

3　全国学力テストはなぜ求められたのか

(1)　競争主義

多くの論者が指摘しているように、現行の全国学力テストの出発点には、学力テストによる競争を望む、競争主義と呼ぶべき考え方があります(志水２００９)。これは、およそ次のような考え方です。全国的な学力テストを行えば、どの学校の点数が高い／低いのか、誰の点数が高い／

低いのかが明らかになります。その点数を公表すれば、学校や子どもたちは互いに点数を競い、切磋琢磨するようになり、結果として日本全体の学力も向上していくはずだというのが、競争主義の考え方です。

２０００年代の学力低下論争において、日本の学力低下が決定的なものと見做されたとき、競争主義による学力向上を狙う人々は、全国学力テストの復活を強く望みました。０４年から０５年まで文科大臣を務めた中山成彬氏も、その一人です。中山氏が、テスト結果を公表し、子どもたちの競争意識を高めるべきだと発言したことが、全国学力テストが復活する直接のきっかけになりました。

こうした当時の経緯を見るかぎり、全国学力テストが競争主義をその出発点としていることは確かです。もっとも、戦後すぐの全国学力テストが、教育への不当な介入と捉えられ裁判にまで発展したことや、準備教育の加熱をもたらしたことは、全国学力テストを再開する上で大きなハードルとなりました。実際、学力テストによる点数競争を促そうという中山氏の考え方には、早くから否定的な声が多く寄せられることになります。

おそらく競争主義を前面に押し出したままでは、全国学力テストの実施は難しかったでしょうし、仮に実施したとしても、現在のように10年を超えて続けることはできなかったでしょう。ですから、競争主義をその出発点としながらも、全国学力テストの必要性は、表向き、競争主義以外の要因によって語られることになっていきます。

(2) 公教育の質保証

全国学力テストが求められた第二の理由は、それが「公教育の質保証」を果たすものだと考えられていたからです。現在の日本は財政赤字が膨らんでおり、これ以上支出を増やすことは難しいという話を、聞いたことのある方も多いと思います。その認識が正しいかどうかはさておき、財政難である以上、教育という国家にとって必須の分野であっても、不必要な支出はできるだけ避けなければなりません。それでは、投入した税金に見合っただけの効果を学校教育はもたらしているのか。こうした考えを持つ人が次第に増えてきたのです(中澤2018:15)。

財政難の問題を抜きにしても、現代社会は、学校の価値に疑問を持つ人々が少なくない時代です。毎年のように教員の不祥事が報道されていますし、学校に通わなくても社会で成功できると主張する人も決して少なくありません。こうなると、やはり学校や教員は支払った税金に見合う成果を挙げているのか、という声が高まってくることになります(山田2008)。

要するに、2000年代の日本は、学校教育の質を示す指標を求めていたのです。このような状況において、全国的な学力テストはその指標としてピッタリでした。国が実施する全国的なテストの結果であれば、それぞれの学校の成果を示す指標として、多くの人が受け入れてくれるでしょう。

断っておきますが、こうした教育の質保証のために学力テストが必要になるという動きは珍しいものではなく、世界的に見られる現象です。現在日本でも、アメリカやイギリスと同じく、政策に予算を配分する際には十分に合理的な証拠が求められるという、EBPM(Evidence-Based

Policy Making：証拠に基づく政策立案）の考え方が流行しています。ここでいう証拠とは、各種の教育研究のことですが、これらの教育研究では、実践や政策の効果を示す有力な指標の一つとして学力調査が利用されているのです。その意味では、現行の全国学力テストの登場は、時代の必然だったと考えることもできるでしょう。

（3）指導に活かす

先ほど、全国学力テストが求められた理由として、公教育の質保証という発想を取り上げました。もっとも、この考え方には懐疑的な目を向ける方もいると思います。とくに教育関係者であれば、テストの点数の高低が学校の質を示しているという発想には眉をひそめるでしょう。学校にはテストの点数を向上させる以外にも、子どもたちに芸術活動を経験させたり、家族以外の人との付き合い方を学ばせたりといった、多くの役割があるからです。

ですから全国学力テストを正当化するには、公教育の質保証という理由だけでは不十分で、教育に関わる人たちも納得する説明が求められます。ここで登場したのが、全国学力テストの結果を一人一人の児童生徒の指導に、さらに個々の教育委員会の施策に役立てるという発想です。全国学力テストの在り方について議論する専門家会議の座長であった梶田叡一氏は、全国学力テストの目的について、次のように述べています。

データ解析が単なるおたく的なものになってはいけないし、あるいは立派なレポートが出て終わりというわけにはいかない。これが各学校で使える、各教育委員会で使えるものにならなければいけない。使えるというのはどういうことかというと、子どもの次の学びと育ちに有効適切な形でフィードバックされるということになるかと思う。こういう活用の仕方も考えていただかなければいけない。そういう意味での分析・活用だと思っている。[3]（傍点は引用者）

こうした「各学校で使える、各教育委員会で使える」ようにしなければならず、全国学力テストを「子どもの学びと育ちにフィードバックする」という考え方の背後には、彼が考える「教育評価」という思想があります。梶田（2010：i）によると、テストは「教育する側のねらいに即して学習者の現実の姿をはっきりと確認し、指導に生かしていくための手だて」（傍点は原文）であって、ただ点数をつけるだけのものではないのです。

梶田氏が提案した「教育評価」の発想は、現行の全国学力テストを正当化する上で、大きな役割を果たしました。まず、（一部の研究者が行う）「おたく的な」データ解析ではなく、「子どもの学びと育ち」にとって重要なのだと主張したことで、全国学力テストに懐疑的な教育関係者に対しても、その意義と有用性を説くことができるようになりました。

加えて、一人一人の子どもの学びと育ちを把握し、各教育委員会の施策にフィードバックするためには、全国学力テストはすべての児童生徒が受験する悉皆実施であることが望まれます。全国学力テストを悉皆実施することで、一人一人の子どもの学びを把握し、さらに、その背後にある学級・学校、あるいは都道府県教育委員会、そして文科省の指導助言や教育政策の在り方にまで反映させていく（梶田編2010：8）という発想は、この後、全国学力テストの悉皆実施を正当化する理由として利用されるようになっていくのです（鳶島2010）。

（4）学習指導要領の定着

詳しくは第3章で述べますが、現行の全国学力テストは、ＰＩＳＡに代表される世界の大規模な学力調査とは、明らかに異なる特徴を持っています。それは、全国学力テストでは、「学習指導要領で示されている内容を、子どもたちがどの程度身につけているか」「学習指導要領の考え方を、教員や教育委員会の関係者がどの程度理解し、教育に活かしているか」が問われているという点です。

実際、この十数年の全国学力テストの変遷を見てみると、出題されている設問や質問紙調査の内容には、その折々の文科省の方針との対応関係が見られます。たとえば初期の全国学力テストは、（1）知識・理解に関するA問題、（2）思考力・活用力を見るB問題、（3）関心・意欲を問う質問紙調査という設計になりましたが、これは、当時の文科省が示した、これからの子どもたちには知識・技能はもちろん、学ぶ意欲や思考力・判断力など幅広い力が必要であるとした「確か

（3）「全国学力・学習状況調査の分析・活用の推進に関する専門家検討会議（第1回）議事要旨」https://www.mext.go.jp/b_menu/shingi/chousa/shotou/045/gijigaiyou/08022911.htm

な学力」という考え方と対応しています（梶田編2010：8）。

全国学力テストの対象学年が小学6年生、中学3年生になったのも、学習指導要領の定着具合を最終学年で確認するという意味合いがありますし、毎年実施する理由も、すべての子どもたちの定着具合を確認する必要があると判断されたためです。

そもそも全国学力テストには、一般的な学力テストとは異なり、問題ごとの配点は存在していません。10問中8問正解といった形の正答率が公表されるだけなのです。ここにもテストの点数を競うのではなく、あくまで「（本来100％身につけておくべき学習指導要領の内容が）どの程度定着したか」を測るという全国学力テストの発想が表れています。

第1章で指摘したように、全国学力テストの悉皆実施には批判の声が少なくありません。それにもかかわらず、悉皆実施が強行されるのは、全国学力テストに、学校現場・教育委員会へのメッセージという意味合いがあるからです。抽出調査では、学校現場・教育委員会へのインパクトが小さく、教員は関心を持ちません。民主党政権下で全国学力テストが抽出調査になったことがありますが、このとき行われた専門家会議の中では、抽出実施ではメッセージが伝わらない、という懸念の声が複数の委員から示されています[4]。

- 抽出調査では大きな政策は変えられるが、悉皆調査による支援をしないと、個々の先生は関心を持たない。
- 抽出に変わり、調査に関係ない学校は、雰囲気がだれている。学力向上が盛り上がらなくなっているという厳しい現状を考えると、4年に1回は悉皆にして、しかも教科を増やすべき。

- 教育学的には悉皆が望ましいと考えている。全国および県別の状況把握では抽出調査でもよいが、悉皆調査では、個々の子どもの症状が把握できる。全体としての傾向ではなく、個人レベルで把握できる。それにより、義務感、使命感を醸成することが極めて重要である。教材研究も切実感をもって指導改善することが必要。
- 国語教育の立場からは、役に立たないおもしろくない授業が多いという状況を改善するために本調査が始まったと捉えている。（傍点は引用者）

もちろん会議の中では、悉皆実施に反対する声も複数上がっています。一方で、少なくない委員が、全国学力テストは悉皆実施のほうが好ましく、それは学校現場にメッセージを届けるため／学校を変えるためだと考えていたことは、指摘しておく必要があるでしょう。

（5）参照されなかった社会科学の知見

ここまで、全国学力テストが求められた理由について整理してきました。最後に指摘しておき

（4）「全国的な学力調査の在り方等の検討に関する専門家会議（第2回） 議事要旨」https://www.mext.go.jp/b_menu/shingi/chousa/shotou/074/gijigaiyou/1299002.htm

たいことは、ここまでに見てきた理由のうち、「公教育の質保証」を除けば、社会科学における大規模学力調査の方法論とは直接関係のない理由ばかりだということです。これには、もともと日本の教育研究ではデータ分析が盛んではないという事情も関係しているのかもしれません。当時、保護者の学歴や年収と子どもの学力に関連があるとは議論されていた(苅谷・志水編2004)ものの、大規模なテストをどう実施するかといった教育測定に関する研究(光永2017)や、教育の効果をどう推定するかといった因果推論に関わる研究(中室2015)は、ほとんど注目を集めていませんでした。(5) むしろ学力に関する社会科学の知見について、否定的な見解も目立ったくらいです。

たとえば、子どもの家庭環境に関する設問を全国学力テストの児童生徒質問紙調査に導入することは、世論の反発から実施できませんでした。教育評論家として有名な尾木直樹氏は、著書の中で、全国学力テストの予備調査に子どもに家庭にある本の冊数を尋ねる設問があったことに触れ、「自分の生活する環境が文化的に恵まれていないことなどに気づかされた子どもはどんなに傷つくことか」と、否定的な見解を下しています(尾木2008:111)。また、開始当時、全国学力テストに唯一参加しなかった自治体である愛知県犬山市も、不参加の理由の一つとして、「家に本が何冊あるか」「家の人と美術館や劇場などに行って芸術鑑賞するか」といった設問が存在することを挙げています(犬山市教育委員会2007:156)。かれらは、子どもの家庭環境に関わる情報を国が収集するのは、プライバシーの侵害であり、国にそこまで調査する権利はないと主張していました。

今でこそ、子どもの学力に家庭環境が影響を及ぼすことは公に語られていますし、家庭環境に由来する学力の格差を縮小するために、教育行政の介入が必要なことも自明のことと思われています(松岡2019)。しかし、ほんの十数年前は、こうした発想は日本では当たり前ではなかったのです。結果として、子どもの社会経済的状況(Socio-Economic Status：SES)と学力の関連をはじめとする社会科学の知見は、初期の全国学力テストにはほとんど取り入れられませんでした。このことがどのような問題を引き起こしたかは、第4章で整理します。

また、第1章でも説明してきたように、悉皆実施という全国学力テストの実施方法は、一般的な社会科学の見解に従ったものではありません。すべての対象を調べる全数調査はコストが大きいため、一般的な社会調査ではせいぜい数千の標本を抽出する標本調査が主流です。全国学力テストについても、その当初から抽出調査で十分だという指摘が、専門家や競争主義を警戒する人々から提出されていました(苅谷2008：139-142)。ただ、その経緯は不明ですが、全国学力テストの実施方法は悉皆実施とされ、途中で抽出実施に変更されるという紆余曲折はありつつも、現在も悉皆実施が続けられています。うがった見方をすれば、もともと競争主義を発端としているために、各学校の平均正答率がわかる悉皆実施が都合が良かったのかもしれません。あるいは抽出実施では、すでに実施されていた教育課程実施状況調査と差別化できないという事情も

(5) ここには「教育評価」に関わる人々のあいだで、「教育測定」があまり好ましくないものとして語られている(梶田2010：i)という事情もあるように思います。あるいは、高度なデータ分析は学校や教育委員会の役に立たない「おたく的」なものだと捉えられていたのかもしれません。

あったのでしょう。(6)

結局、社会科学の見解に代わって、全国学力テストの悉皆実施を正当化したのは、「指導に活かす」とか「学習指導要領の定着を目指す」といった論理でした。第1章で見てきたように、全国学力テストの悉皆実施は、テストが各地に混乱を引き起こす大きな要因となっています。教育関係者の中には、このような状況を見て、「抽出実施でも学力テストの目的は果たせる」と全国学力テストの現状を批判する人も少なくありません。しかし、そもそも最初から全国学力テストが社会科学の知見に従っていなかったことを考えると、ただ「抽出実施でも十分だ」と指摘するだけでは、全国学力テストを変えることは難しいでしょう。

4 全国学力テストの設計

(1) 調査の全体像

最終的に、全国学力テストの設計は、次のようなものになりました。まず調査対象とする学年は、「義務教育における各学校段階の最終学年における到達度を把握する」という理由から、前述のとおり小学6年生・中学3年生に決まりました。また、読み書き計算など日常生活の基礎であること、およびPISAの読解リテラシーの低下を受け、国語と算数(数学)が調査対象教科になりました。

また、実施時期は児童生徒に対する学習改善に役立てるため、年度の早い時期(4月末頃)に設定され、教育活動の効果検証を継続的に実施するために、毎年度、悉皆実施することが適当とされました。ここには、一人一人の子どもの学びと育ちを把握し、それを教育委員会、文科省の施策へとつなげていくという「教育評価」の発想が色濃く表れています。

調査結果の公開にあたっては、教職員の給与負担の主体であり、人事権を有しているという理由から、都道府県ごとの平均正答率が公表されることになりました(7)。ここには、全国学力テストを正当化するための「公教育の質保証」という発想が見られます。なお、2018年度から政令指定都市ごとの結果も公表対象になりましたが、それは前年度から政令指定都市が教員の給与負担の対象になったためであると考えられます。

一方で文科省は、都道府県が全国学力テストの市町村別の平均正答率や学校別の平均正答率を公開することには、競争主義への警戒から否定的な姿勢を示していました。「学校間の序列化や過度な競争等につながらないよう十分な配慮が必要」であるため、市町村単位や学校単位での結果の公表は行わず、「測定できるのは学力の特定の一部分であること」「調査結果を返却する際には、学習改善や学習意欲の向上につなげていくという観点を十分に考慮すること」などが繰り返し求められ、仮に公表する場合も、市町村別・学校別の順位がわかるような形での公表を行わな

(6)「全国的な学力調査の具体的な実施方法等について(報告)」(https://www.mext.go.jp/b_menu/shingi/chousa/shotou/031/toushin/06051213.htm)において、教育課程実施状況調査と全国学力テストの差別化について議論されています。

(7) 注(6)と同じく「全国的な学力調査の具体的な実施方法等について(報告)」を参照してください。

いことが必須の条件とされたのです。

これが、おおよその全国学力テストの設計です。十数年のあいだに、対象教科の追加や、質問紙の内容の変更などが加えられていますが、現在でも、こうした特徴はあまり変わっていません。参照されなかった社会科学の知見に関しては、悉皆調査を前提とする全国学力テスト本体に組み込むことが困難だったため、これを補完するための調査を別に実施し、そちらで活用されることになりました。その代表的なものは、保護者に対する調査や経年変化分析調査です。(8) これらの調査は、数年に一度実施されることになっています。現行の全国学力テストは、悉皆実施される調査(これを本体調査と呼びます)と、数年に一度実施される保護者調査・経年変化分析調査(こちらを補完調査と呼びます)によって構成されています。

(2) A問題とB問題

初回の全国学力テストについて、もう少し詳しく見ておきましょう。まずは、どのような設問が出題されたのか確認しておきます。ここでは紙幅の都合上、小学校の算数に限定して話を進めますが、興味のある方は、これまでのすべてのテストが国立教育政策研究所のホームページに公開されていますので、そちらを参照してください。

さて、2007年度から18年度までの全国学力テストでは、知識を問うとされるA問題と、活用力を問うというB問題が出題されていました。このうちA問題は、「28＋72」や「12÷0.6」といった計算問題に始まり、数直線の目盛りを読む設問、3行程度の文章題、図形の面積や角度、

4

答えが 210×0.6 の式で求められる問題を，下の **1** から **4** までの中から１つ選んで，その番号を書きましょう。

1 砂糖《さとう》を 0.6 kg 買って，210 円はらいました。
この砂糖 1 kg のねだんはいくらでしょう。

2 210 kg の大豆を 0.6 kg ずつふくろにつめます。
大豆を全部つめるには，ふくろはいくついるでしょう。

3 1 m のねだんが 210 円のリボンを 0.6 m 買いました。
リボンの代金はいくらでしょう。

4 赤いテープの長さは 210 cm です。
赤いテープの長さは白いテープの長さの 0.6 倍です。
白いテープの長さは何 cm でしょう。

図 2-1　全国学力テスト算数 A 問題

円周の長さといった設問が出題されています。要するにA問題は、算数の基礎的な知識を問う一般的なテストと考えて差し支えありません。

図2-1は、2007年度のA問題の一例で、答えを求める式が210×0.6になっている問いを選択肢の中から選ぶというものです。少しひねった設問ではありますが、落ち着いて考えれば、答えが3番であることはわかると思います。

それではB問題はどうでしょうか。図2-2に示したのが、同じく2007年度のB問題です。この設問では、25円のチョコレートを複数個買う場合の代金の計算方法がテーマになっています。さちよさんが

（8）これらの調査については、国立教育政策研究所のホームページ(https://www.nier.go.jp/kaihatsu/zenkokugakuryoku.html)を参照してください。

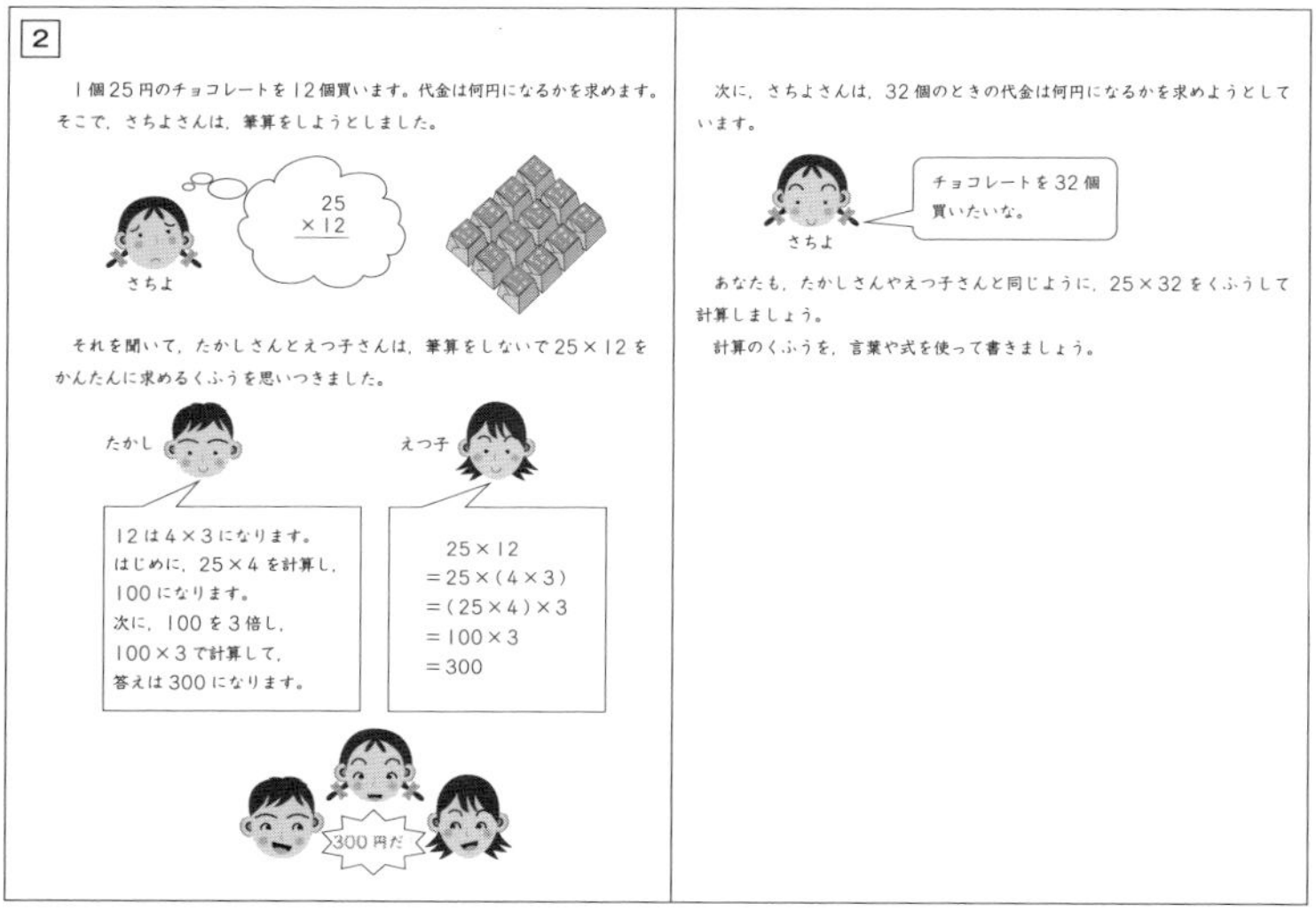
2
1個25円のチョコレートを12個買います。代金は何円になるかを求めます。
そこで，さちよさんは，筆算をしようとしました。
25
×12
さちよ
それを聞いて，たかしさんとえつ子さんは，筆算をしないで25×12を
かんたんに求めるくふうを思いつきました。
たかし
えつ子
12は4×3になります。
はじめに，25×4を計算し，
100になります。
次に，100を3倍し，
100×3で計算して，
答えは300になります。
25×12
＝25×(4×3)
＝(25×4)×3
＝100×3
＝300
300円だ
次に，さちよさんは，32個のときの代金は何円になるかを求めようとしています。
チョコレートを32個
買いたいな。
さちよ
あなたも，たかしさんやえつ子さんと同じように，25×32をくふうして
計算しましょう。
計算のくふうを，言葉や式を使って書きましょう。

図 2-2　全国学力テスト算数B問題

筆算を使う方法を考えたのに対し、たかしさん、えつ子さんは結合法則[9]を使って簡単に解くことを提案しています。なお、たかしさんが言葉を使って説明し、えつ子さんは式で表現していますが、両者の考え方に大きな違いはありません。

すでに混乱している方もいるかもしれませんが、ここまでは前フリです。この問題で問われているのは、図の右側の「32個のチョコレートを買う場合を想定し、たかしさんか、えつ子さんの方法で計算しなさい」というものです。戸惑う人も少なくないでしょうが、実は、たかしさん(あるいは、えつ子さん)の左側のセリフの数字を入れ替えれば答えは出ます。たかしさんの場合であれば、「32は4×8になります。はじめに、25×4を計算し、100になります。次に、100を8倍し、100×8で計算して、答

えは800になります」という具合です。

A問題に比べるとB問題は、理解しなければならない情報量が多い上に、文章や式を使って答えを説明しなければならないので、かなりハードルが高いと感じた方もいるかもしれません。実際、A問題とB問題の正答率を比べると、すべての年度でB問題はA問題を下回っています。

紙幅の都合もあって、これ以上例を見せることはできませんが、A問題と比べると、B問題は、実生活に即した設問(先ほどの例で言えば、チョコレートの代金を、工夫して簡単に計算する)であることや、単に記号で答えたり計算をしたりするだけでなく、考える過程を説明しなければならないことが、その特徴であると言えるでしょう。なお、実生活に即した設問にするには、どうしても状況説明が長くなるため、B問題は1題あたりの長さが3ページに渡ることも珍しくありません。

A問題とB問題が作られた理由は、2005年前後の文科省の置かれていた状況にあります。当時は「ゆとり教育」批判の真っ最中であり、さらにPISA2003の読解リテラシーの低下という学力低下の「動かぬ証拠」が出てきた時期でした。だからといって単純に学力低下を認めてしまうと、これまで文科省が進めてきた「ゆとり教育」の考え方が間違っていたということになりますし、知識を詰め込むこれまでの「旧い」やり方のほうが正しかったということにもなりかねません。そこで文科省が打ち出したのが、これまでの日本の教育が育ててきた基礎的な学力(旧い学力)も重要だし、「ゆとり教育」が育てようとしてきた「生きる力」もPISAのいう「新

(9)　たとえば a×(b×c)＝(a×b)×c となる計算のルールのこと。

しい学力」に通じるものであり、いずれの学力も重要なのだという、ややアクロバティックなメッセージです。全国学力テストのA問題・B問題は、基礎的な知識である「旧い学力」も、PISA調査が測る「新しい学力」も、いずれも重要なのだという、文科省のメッセージを表現したものなのです。とくにB問題は、これまでの「旧い学力」とは違う、PISAの「新しい学力」の具体像を学校現場に伝えるという役割を持っていたと考えられます(10)。

なお、2019年度からはA問題とB問題の区別はなくなり、B問題の中にA問題が混ざったような形式のテストになっています。先ほどの図2-2の例で言えば、1問目に「25×12の計算をしなさい」という問題が加わったようなイメージです。10年を超える調査の中で、A問題・B問題という区別は、学校現場にはかなり浸透しています。そのため、あえて区別しなくても、メッセージは伝わるという判断が働いたと思われます。

(3) 子ども・学校への質問紙調査

全国学力テストでは、学力テスト以外にも、子どもに対しては児童生徒質問紙、学校長に対しては学校質問紙が配布されています。それぞれ、ふだんの生活実態や、学校の状況・指導について尋ねるものです。

児童生徒質問紙では、朝食を食べているかどうかから始まって、勉強時間やゲームをする時間、国語や算数(数学)が好きかどうかなど、ふだんの生活の様子について尋ねる内容になっています。図2-3は、2007年度の児童質問紙の一部分ですが、日常生活のルールを守っているかどうかを尋ねていることがわかると思います。

学校質問紙では、学校の規模や職員数、各教科の指導法や研修の実態について質問をしています。図2-4は2007年度の学校質問紙で、ホームページの開設の有無や学校公開日を設定しているかどうかなどについて尋ねています。なお、項目の冒頭に「開かれた学校・学校評価」とありますが、全国の公立学校が地域に開かれた学校となっているかどうか、あるいは学校評価をきちんと行っているかどうかは、調査開始当時の文科省の政策の重要なアピールポイントの一つでした。全国学力テストの学校質問紙には、文科省の政策が

1 あなたは，**生活《せいかつ》の中《なか》で次《つぎ》のようなことをしていますか**。当《あ》てはまるものを右《みぎ》の**1**から**4**の中《なか》から1つずつ選《えら》んでください。

	していること	どちらかといえば，している	あまりしていない	全くしていない
（1） 朝食《ちょうしょく》を毎日《まいにち》食《た》べている	1	2	3	4
（2） 学校《がっこう》に持《も》って行《い》くものを，前日《ぜんじつ》か，その日《ひ》の朝《あさ》に確《たし》かめている	1	2	3	4
（3） 身《み》の回《まわ》りのことは，できるだけ自分《じぶん》でしている	1	2	3	4
（4） 毎日《まいにち》，同《おな》じくらいの時刻《じこく》にねている	1	2	3	4
（5） 毎日《まいにち》，同《おな》じくらいの時刻《じこく》に起《お》きている	1	2	3	4
（6） 勉強《べんきょう》する時間《じかん》を自分《じぶん》で決《き》めて実行《じっこう》している	1	2	3	4
（7） テレビを見《み》る時間《じかん》やゲームをする時間《じかん》などのルールを家《いえ》の人《ひと》と決《き》めている	1	2	3	4
（8） 外《そと》に出《で》て遊《あそ》んだり，運動《うんどう》・スポーツをして体《からだ》を動《うご》かしたりしている(学校《がっこう》の体育《たいいく》の授業《じゅぎょう》は除《のぞ》きます。)	1	2	3	4

図2-3 児童質問紙の例

(10) もっとも、B問題とPISA調査が測る学力のあいだには、一定の乖離が見られます。この点については、第3章で説明します。

15. 開かれた学校・学校評価

あなたの学校における「開かれた学校づくり」への取組状況について，当てはまる番号を右の**1**，**2**から選んでください。

	はい	いいえ
(78) 学校の教育活動の情報について，ホームページを開設し情報提供を行っている……	1	2
(79) 保護者からの意見や要望を聞くために，懇談会の開催やアンケート調査を実施している……	1	2
(80) 地域の人が自由に授業参観などができる学校公開日を設けている……	1	2

(81) 学校運営協議会(コミュニティ・スクール)制度を取り入れていますか。
 1 取り入れている
 2 取り入れていないが，今後，取り入れる予定である
 3 取り入れていないが，今後は未定である
 4 取り入れていないし，今後も取り入れる予定はない

(82) 学校評議員(類似の制度によるものを含みます。)制度を取り入れていますか。
 1 取り入れている
 2 取り入れていないが，今後，取り入れる予定である
 3 取り入れていないが，今後は未定である
 4 取り入れていないし，今後も取り入れる予定はない

図 2-4　学校質問紙の例

学校現場に浸透しているかどうかを確認するという意味合いも込められているのです。

ところで、こうした質問紙の内容を見て、児童生徒質問紙にせよ学校質問紙にせよ、そこに、望ましい子ども像・学校像が透けて見えるものになっていることに気づいた方もいるかもしれません。こうした考え方は、あながち間違いとは言えません（久冨２００８）。それほど注目は集まりませんが、全国学力テストでは、学力テストの正答率だけでなく、質問紙調査の回答傾向も公表されます。そのため、とくに学力テストの正答率で低位に置かれた教育委員会では、テストのみならず、質問紙調査の結果も改善しなければならないと考えて、「早寝早起き朝ごはん」運動を展開してみたり、学校の研修を増やすように各学校に通知を出してみたりといった動きをするところもあるのです。

ここまで見てきたように、全国学力テストで出題されているテスト項目や質問紙調査には、実

態の把握に留まらず、学校現場に対するメッセージとしての側面が強い傾向が見られます。

(4) 解説資料

こうしたメッセージ性がとくに明瞭に現れているのが、調査終了直後に公表される解説資料です。図2-5、図2-6は、先ほど図2-2で取り上げた算数B問題の解説資料の一部です。まず

■学習指導要領における領域・内容

第３学年　A　数と計算

(3)　乗法についての理解を深め，その計算が確実にできるようにし，それを適切に用いる能力を伸ばす。

ウ　乗法に関して成り立つ性質を調べ，それを計算の仕方を考えたり計算の確かめをしたりすることに生かすこと。

第５学年　D　数量関係

(1)　四則に関して成り立つ性質についてまとめる。

ア　交換法則，結合法則や分配法則についての理解を深めること。

■評価の観点

数学的な考え方

2　正答と解説

■正答

（例１）32は 4×8 になります。
はじめに，25×4 を計算し，100になります。
次に，100を８倍し，100×8 で計算して，答えは800になります。

（例２）25×32＝25×(4×8)
＝(25×4)×8
＝100×8
＝800

■解説

例示された計算の工夫では，25の４倍が100になることを用いて手際よく計算していることがよみとれる。32は 4×8 とみることができ，乗法の結合法則を用いて工夫して計算する。

・次の①から③までのすべてを書いているものを正答（◎）とする。
　①　乗法の結合法則の表現
　②　32を4×8とみていること
　③　25を5×5に分解せずに，25×4＝100としていること

・次のように，計算の工夫として乗法の結合法則をよみとり，25×32の計算に当てはめて考えていると判断できるものは，正答（○）とする。
　(a)　32を2×16とみて，25を5×5に分解せずに，①を書いているもの
　(b)　①を書いているもの

図2-5　全国学力テスト解説１

図2-5では、正答と解説に加えて、学習指導要領における領域・内容として、今回出題された問題が、学習指導要領のどの事項と対応しているのか明示されています。その上で図2-6では、「学習指導に当たって」と題して、指導のポイントが紹介されています。ここでは、方眼図をもとに指導する方法や、計算の工夫の例について示されています。

このような解説資料が存在す

3　学習指導に当たって

①　数を多面的にみることができるようにする

計算の仕方を発見したり，計算の工夫をしたりするためには，数を多面的にみる見方が重要である。例えば，10×10 の方眼図をもとに，100 について下のような見方ができるようにすることが考えられる。

・25 を 4 倍した数が 100 になる。100＝25× 4

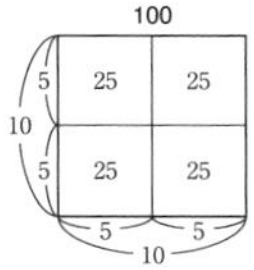

・50 を 2 倍した数が 100 になる。100＝50× 2

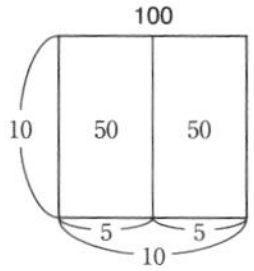

このほかにも，100＝20× 5，1000＝250× 4 などが考えられる。

②　計算で用いられる数に応じて，計算の仕方を工夫できるようにする

計算の工夫には，本問題で扱った結合法則のほかに，分配法則を用いることもある。計算で用いられる数に応じて，計算の仕方を工夫できるようにすることが大切である。

例えば，98× 4 の計算の仕方を考える場合，98 が 100 から 2 をひいた数であることに着目して，分配法則を用いる方法もある。このような計算の工夫を考える活動も大切である。

$$
\begin{aligned}
98\times 4 &= (100-2)\times 4\\
&= 100\times 4-2\times 4\\
&= 400-8\\
&= 392
\end{aligned}
$$

図 2-6　全国学力テスト解説 2

ることも、実は全国学力テストの大きな特徴です。2007年以来、全国学力テストで出題された設問は、すべて公開され、その一つ一つに解説が行われています。それらは国立教育政策研究所のホームページで公開されます。詳しくは第3章で触れますが、テストの設問をすべて公開することは、一般的な大規模学力調査では行われません。大規模学力調査のセオリーを曲げてでも、設問をすべて公開し、出題の狙いや指導方法について説明する……。学習指導要領の定着を確認するという全国学力テストの性格は、こうしたところにも表れていると言えるのです。

なお、図2-5、図2-6で示した解説資料の冒頭には、調査問題の出題範囲について、次のような文章があります。これを読むと、全国学力テストの設問が、各学校・教育委員会に向けて学習指導要領の狙いを伝えるために作成されたメッセージであること、全国学力テストを通して各学校・教員が指導を工夫改善することが求められていることがよくわかると思います。

> （小学校算数科の問題作成にあたっては）各教育委員会や各学校に対して、学習指導要領に示される内容等を正しく理解するよう促すとともに、土台となる基盤的な事項を具体的に示すという視点から、知識・技能等を実生活の様々な場面に活用する力や様々な課題解決のために構想を立て実践し評価・改善する力などにかかわる調査問題を出題した。また、児童の学習改善・学習意欲の向上などに役立たせるという視点も重視した。
>
> 　小学校算数科の指導改善に資するよう本調査の問題を作成した。調査問題が具体的な授業構想につながり、実際に授業実践がなされ、身に付けるべき力が児童に育成されることを期待している。（国立教育政策研究所教育課程研究センター2007：7、傍点は引用者）

「学習指導要領に示される内容等を正しく理解するよう促す」「指導改善に資するよう」といった文言には、全国学力テストが学校現場にメッセージを伝えること、指導の改善に活かすことを意図していることが明示されています。

　ここまで、全国学力テストで出題されている設問や、質問紙調査の内容、あるいは解説資料について見てきました。こうした資料から見えてくるのは、全国学力テストのメッセージ性と、指導のために活かすという思想です。全国学力テストの出発点であった競争主義や、公教育の質保証といった思想は、あまり読み取ることはできません。

その意味では、全国学力テストは競争主義や公教育の質保証を出発点としつつも、設計の中で、文科省のメッセージを伝えること、学校現場の指導に活かすことを重視する形へとシフトしていったと言えるでしょう。

5　全国学力テストが明らかにしたこと

（1）本体調査が明らかにしたこと

それでは、全国学力テストは、どのようなことを明らかにしてきたのでしょうか。文科省がこれまで公表してきた資料を見ると、調査結果のポイントは、およそ次のようなものです。

- 知識を問うA問題では、学習内容を理解し正答している子どもが多い。
- 活用を問うB問題では、十分に学習内容を理解しておらず正答できない子どもがいる。
- 宿題をする／読書が好きなど、好ましい学習環境にある子どものほうが成績が高い。
- 都市部か農村部かといった地域の違いによる学力差は見られない。
- 都道府県間の成績のばらつきも小さい。
- 学校ごとの就学援助率と学力のあいだに関連がある。

このうち、A問題よりB問題のほうが正答率が低いことは、A問題よりB問題のほうが難易度が高いのですから、ほとんど自明のことです。また、宿題をする子どもや読書が好きな子どものほうが成績が高いことも当然でしょう。全国学力テストについては、あまり新しい発見がないという批判がなされることもありますが、それはある意味で正当なものだと言えます。

全国学力テストの結果で興味深いことは、都市部と農村部の間、あるいは都道府県間の学力差がほとんどなかったという点でした。過去の全国学力テストで、地域間の学力差に大きな注目が集まったこととは裏腹に、地域間の学力差は、この60年のうちにほとんど消えてしまったのです。

全国学力テストの中で、おそらくもっとも大きな発見は、学校間に学力の差が存在し、それが就学援助率とつながっているという知見でした。就学援助とは、経済的な事情などがあって学校で必要となる教材や教具などを揃えることが難しい家庭を対象に、各自治体が実施している支援制度のことです。各学校の就学援助率は、その学校にどのくらい就学援助を受けている子どもがいるかを示します。

図2-7は、文科省が公表した資料のうち、2007年度の各学校の就学援助率と平均正答率の関連を示したグラフです。これは箱ひげ図と呼ばれるグラフで、選択肢1(就学援助を受けている児童が在籍していない)から選択肢6(就学援助を受けている児童が50%以上)までの学校の成績の分布を示しています。図の見方としては、箱の中の横線が、それぞれの選択肢に該当する学校の平均正答率を昇順に並べたうち、ちょうど真ん中の学校の正答率(中央値)を示しています。また、箱の上部が、それぞれの選択肢に該当する学校のうち、上位25%に当たる学校の成績を、箱の下部

○就学援助を受けている児童生徒の割合が高い学校の方が、その割合が低い学校よりも平均正答率が低い傾向が見られるが、就学援助を受けている児童生徒の割合が高い学校は、学校の平均正答率のばらつきが大きく、その中には、平均正答率が高い学校も存在する。

選択肢１　在籍していない	選択肢２　５％未満	選択肢３　５％以上、１０％未満
選択肢４　１０％以上、３０％未満	選択肢５　３０％以上、５０％未満	選択肢６　５０％以上

【小学校】＊質問19：第６学年の児童のうち、就学援助を受けている児童の割合は、どれくらいですか

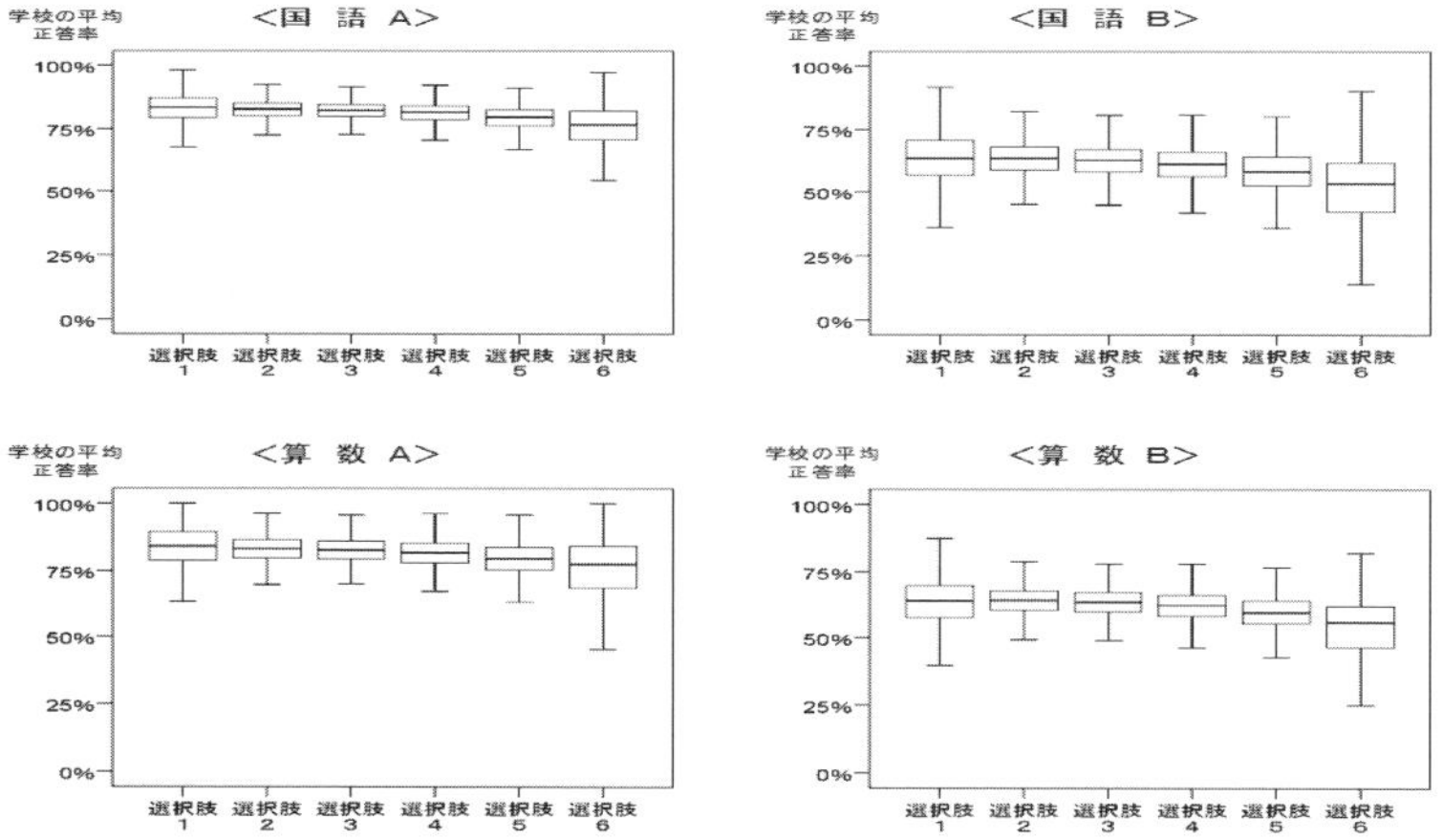

図 2-7　就学援助と学力

が下位25％に当たる学校の成績を示しています。これを見ると、確かに文科省の解説どおり、就学援助率が高い学校ほど、全体的に箱が下がっていく傾向が見えますので、就学援助率が高いほど成績が下がる傾向があると言えそうです。ただ、箱の大きさも選択肢6（就学援助率が50％を超える学校）では上下に大きいので、成績の低い学校もあるが、高い学校もある、と言えます。

ただし、文科省の言っている「就学援助を受けている児童生徒の割合が高い学校は、……（略）……その中には、平均正答率が高い学校も存在する」という解説には、不適切な面もあります。実は、

ここにはある種の数字のトリックがあります。それは、選択肢1（就学援助を受けている児童が在籍していない）や選択肢6（就学援助を受けている児童が50％以上）の学校には、1学年あたりの人数が5人を下回るような、超小規模校が少なくないという点です（大阪大学2011：10―13）。

当たり前のことですが、就学援助を受けている子どもが例外なく成績が低いわけではありません。実際は成績の高い子どもも少なくありませんし、就学援助を受けていなくても勉強が苦手で成績の低い子どももいます。就学援助率と学力のあいだに関連がある、という主張は、単にある程度の人数を集めた上で、就学援助を受けているグループと、就学援助を受けていないグループを比べてみると、就学援助を受けているグループのほうが成績が低いということを述べているに過ぎません。

ですから、1学年が5人を下回るような超小規模校の場合、たまたま、就学援助を受けていても成績の高い児童ばかりになったり、逆に、就学援助を受けていなくても成績の低い児童ばかりになったりすることがよく起こります。図2-7は、こうした超小規模校のデータも含んで作成されたものなので、まるで、就学援助を受けている子どもが多い学校でも、がんばれば成績が上がるかのようなグラフになってしまっているのです。

作図の問題はあるにせよ、文科省が公に学力と就学援助率の関連を認めたという点では、図2-7は画期的なものでした。これ以降、SESと学力のあいだに関連があることが、教育関係者や一般の人達のあいだでも少しずつ語られるようになっていきます。全国学力テストの実施前には、国がSESに関する情報を取得することすら許されないという雰囲気があったことを思えば、これは大きな変化であったと言えるでしょう。

(2) 補完調査が明らかにしたこと

ただし、全国学力テストが明らかにしてきたことは、本体調査よりも、むしろ補完調査の結果によるもののほうが多いというのが実情です。先ほど述べたＳＥＳと学力の関連にしても、本体調査で明らかになっていることは、せいぜい学校ごとの就学援助率と平均正答率の間に関連があるという程度で、一人一人の子どもの家庭環境と学力の関連については謎のままでした。この点を改善するために実施されたのが、２０１３年度の「きめ細かい調査」です。この調査では、保護者の学歴や年収と子どもの学力のあいだに関連があることが、全国レベルのデータで初めて示されました。調査データは、その後も何人かの研究者に再利用され、子どもの貧困と学力の関連や、ひとり親家庭の低学力問題を明らかにする貴重な成果を生み出しています(Nonoyama-Tarumi 2017; 卯月・末冨２０１５)。

他にも、学級規模や教育政策の効果に関心を寄せる研究者たちは、全国学力テストのデータを利用しつつ、研究を進めています。これまでに行われてきた研究をいくつか挙げておくと、学校単位の集計データを利用した Akabayashi & Nakamura(2014)、単学級データを利用した妹尾ほか(２０１３)、個票データを利用した妹尾ほか(２０１４)、都道府県ごとの平均正答率を利用した山本・井上(２０１５)、そして先に述べた「きめ細かい調査」のデータを使った妹尾・北條(２０１６)などがあります。学級規模以外にも、都道府県別の平均正答率を利用し、教員の質が学習に与える影響等を推定した二木(2017)や、学校質問紙を利用し習熟度・少人数指導の効果を検討した山森・奥田(2014)があります。

また、学力の経年変化に関する研究も進みました。全国学力テストは、年度ごとにテスト項目がすべて刷新されるため、異なる年度間の成績を比較することはできません。この点を補完するのもやはり「きめ細かい調査(2016年度は経年変化分析調査)」です。同調査に関連して、項目反応理論や重複テスト分冊法といったPISA・TIMSSで利用されている技術を適用していくための調査研究が東北大学によって実施され、全国学力テストに近年のテスト理論の技術を活かす試みが行われてきました(東北大学2011、2012、2013、2014)。

これらの研究は貴重な成果を生み出しています。ただ、いずれも本体調査を直接利用したというよりは、補完調査であったり、あるいは他のデータと接続して分析したものであるという点には注意しなければなりません。本体調査それ自体は、画期的な知見を生み出すデータになったとは言い難いのが現状なのです。

6　2020年現在の全国学力テスト

最後に、現在の全国学力テストの形態について補足しておきましょう。この十数年の間に、全国学力テストは基本的な形はほぼ同じであるものの、社会情勢の変化に併せ、いくつかの変更が加えられてきました。ここでは、とくにインパクトの大きいものを二つ取り上げておきましょう。

一つ目は、調査対象科目の変更です。それまでの国語と算数(数学)に加え、2012年度から理科が、19年度から中学校では英語が、それぞれ3年に1度程度の割合で実施されることになりました。理科については、国際調査であるPISAやTIMSSでも調査されていること、「理科離れ」が問題になっていること、科学技術の土台である理数教育が求められていることが導入の主な理由です。[11] 英語については、グローバル化が進む中、国際共通語である英語への関心が高まっていること、英語四技能(聞くこと、話すこと、読むこと、書くこと)の実態を知る必要があることなどから、調査が実施されることになりました。

なお、中学校での英語の話すこと・聞くこと調査の開始と同時に、2019年度からいずれの科目でもA問題・B問題は区別されなくなりました。ペーパーテストで行える書くこと・読むことの調査はともかく、話すこと・聞くことの調査は、その性質上どうしても時間がかかります。19年度の調査では、コンピュータを使って話すこと・聞くことの調査を行うことになったため、その準備・実施・回収に相当な時間がかかることが予想されました。調査時間の関係上、英語調査を実施しつつ、それまでと同様に国語・数学の調査を行うのは困難です。折しも、教員の多忙が注目を集めはじめた時期であり、その要因の一つである全国学力テストにも厳しい目が向けられていました。加えて、第4節(2)で触れたとおり、A問題・B問題という区分が教育現場に定着し、文科省が学校現場にメッセージを送る必然性が薄れていたことも、A問題・B問題の統一につながったと思われます。

二つ目は、全国学力テストの悉皆実施を批判する民主党政権への政権交代に伴い、調査形式が

２０１０年度から１２年度まで抽出実施に変更されたという点です。もっとも抽出実施は２回だけで（１１年度は東日本大震災のため中止）、自民党が政権に復帰するとともに、１３年度に再び悉皆実施に戻され、現在まで続いています。悉皆実施が復活した背景には、先に触れたような抽出実施ではメッセージ性が保てず、指導の改善につながらないという専門家たちの意見もさることながら、一度は約3割の抽出実施になったにもかかわらず、自主的に参加を望む市町村教育委員会が少なくなく、最終的に7割が参加することになったという背景があります。

もっとも教育委員会の側から見れば、これはそれほど不思議なことではありません。とくに成績上位・下位の県は、県を挙げて学力向上に取り組むようになっていましたから、自由参加であっても、ほとんどの自治体・学校が参加せざるを得なかったと思われます。調査対象ではないので参加しないという選択ができたのは、成績が中位の一部の県だけでした。

何より、いったん実施された全国学力テストは、公教育の質保証という観点から、教育委員会や各学校の達成目標に組み込まれてしまっていました。今さら抽出実施と言われても困るというわけです。「みんな同じ」を良しとする日本の学校の文化も、そこには影響していたかもしれません。何にせよ、２０１３年度に再び政権交代で悉皆実施に戻り、そのまま悉皆実施が定着しています。

（11）「全国学力・学習状況調査における対象教科の追加について」https://www.mext.go.jp/b_menu/shingi/chousa/shotou/074/toushin/1302483.htm

総括すると、ちょっとした変化はあったものの、2007年の開始当時と20年現在の全国学力テストの間に、それほど大きな違いはないと言えるかもしれません。学習指導要領の定着を目指すこと、悉皆実施へのこだわり、学校現場へのメッセージ性の強調、指導に活かすことを目指すといった特徴は健在です。社会科学の知見が取り入れられていない点については、補完調査が充実することによって改善されてきましたが、本体調査の状況はそれほど変わっていません。

本章では、現行の全国学力テストの概要について確認し、それが求められた背景や支える思想、調査設計について見てきました。最後に、全国学力テストの目的を確認しておきましょう。文科省のホームページ(12)によると、現行の全国学力テストの目的は、次の3点に整理されています。

・義務教育の機会均等とその水準の維持向上の観点から、全国的な児童生徒の学力や学習状況を把握・分析し、教育施策の成果と課題を検証し、その改善を図る。
・学校における児童生徒への教育指導の充実や学習状況の改善等に役立てる。
・そのような取組を通じて、教育に関する継続的な検証改善サイクルを確立する。

大雑把に言えば、「全国の実態を把握し、教育施策の改善を図ること」と「学校における児童生徒の教育指導の改善に役立てること」、この二つが、全国学力テストの目的となっていると言って良いでしょう。

一見すると、こうした目的に否定すべきところはないように思えます。全国の実態を把握し教育施策を改善することは重要ですし、学力テストの結果を指導改善に役立てることも重要です。であれば、両者を同時に達成する、すなわち、一人一人の子どもの学びや育ちを把握するために悉皆実施をすることで、同時に、各教育委員会や文科省の施策に役立てることのできるデータを取得することは、正当化できそうな気がします。当初の課題であった、大規模な学力調査から得られた社会科学的な知見があまり参照されていないという問題も、経年変化分析調査や、保護者調査、あるいは全国学力テストのデータを利用した研究が進むことによって解消されてきているという見方もあります。第1章で述べたような問題は確かに発生しているものの、競争主義の弊害が強くなりすぎないように、ルールをきちんと徹底すれば、どうにか抑え込むことができるだろう……おそらく、全国学力テストの設計者たちは、そんな青写真を描いていたのでしょう。

残念ながら、こうした考えは間違っています。全国学力テストの根本的な問題は、その設計段階で大規模学力調査の基本的な知見を参照しなかったことから始まっていたのです。では、大規模学力調査の基本的な知見とはどのようなものなのでしょうか。続く第3章では、PISAを例に取り、大規模学力調査の科学について見ていくことにしましょう。

(12) https://www.mext.go.jp/a_menu/shotou/gakuryoku-chousa/zenkoku/1344101.htm

第3章　ＰＩＳＡから学ぶ学力調査の科学

現行の全国学力テストの大きな特徴は、それが社会科学における大規模学力調査の基本を踏まえずに設計されているという点にあります。もっとも、大規模学力調査の基本と言われても、何のことかわからない人も少なくないでしょう。そこで本章では、ＰＩＳＡ調査を例に取り、大規模学力調査の基本を学びたいと思います。

ＰＩＳＡ(Programme for International Student Assessment)は、先進国の集まりであるＯＥＣＤ(経済協力開発機構)が実施する国際的な学力調査として世界的にも有名な調査です。その結果は、日本の教育政策にも大きな影響を与えており、第2章でも触れたように、ＰＩＳＡ２００３での日本の読解リテラシーの順位低下は、全国学力テストが開始されるきっかけとなりました。加えてＰＩＳＡは、「これからの社会で求められる新しい能力」を測るとされており、その学力観の「新しさ」からも注目を集めています。全国学力テストのＢ問題も、ＰＩＳＡ調査を意識して作成されたものでした。

その学力観の「新しさ」が喧伝される一方で、ＰＩＳＡ調査が大規模学力調査の基本に則った科学的な調査であるという点は、日本ではあまり注目されていないように思います。しかし、国あるいは世界規模の学力調査を実施する際には、最低限知っておかなければならない「常識」というものがあります。それはたとえば、学力をどう測るかという教育測定の考え方であったり、調査設計に起因する避けられない歪みを最小限に抑えるための社会調査の考え方であったりします。本章では、こうした学力調査の「常識」について見ていくことにしましょう。

1　ＰＩＳＡ調査の概要

はじめに、ＰＩＳＡ調査の概要について確認しておきましょう。ＰＩＳＡは、ＯＥＣＤが１９８８年から開始した教育インディケータ事業の一環として始まった調査です（国立教育政策研究所編２００２）。なぜ経済団体が学力調査をするのか？　と疑問に思う方もいるかもしれませんが、教育が将来の国民を育てるための重要な活動であることを考えれば、これはそれほど不思議なことではありません。新しい技術が次々と生まれ、目まぐるしく変化していく現代社会だからこそ、先進諸国は社会状況に柔軟に対応できる人材を生み出していかなければなりません。そこで各国の教育政策を考える上での一つの有力な情報を提供するものとして、ＰＩＳＡ調査が計画されたのです。

ＰＩＳＡの目的は、「各国の子どもたちが将来生活していく上で必要とされる知識や技能が、義務教育修了段階である15歳の時点において、どの程度身についているかを測定すること」(国立教育政策研究所編2002：2)とされています。ここには、単に子どもが学校で身につけた知識を測ることに留まらず、将来の社会で必要とされる能力(リテラシー)をどれくらい身につけているかを測定したいという理念が表れています。ちなみにOECDが行う似たような学力調査に、大人版PISAと言われるPIAACがありますが、こちらは各国の成人の学力を国際的に比較する学力調査です。

将来の社会で必要とされる「新しい能力」を測るというPISAの理念は、日本のみならず、世界中の政府・教育関係者の注目を集めました。第1回のPISA調査は2000年に、参加国32カ国(うちOECD加盟国28)で開始されました。その後、3年ごとのサイクルで調査が行われ、2020年現在ではPISA2018までが終了しています。第2回以降は、03年は41カ国・地域(うちOECD加盟国30)、06年は57カ国・地域(うちOECD加盟国30)、09年は65カ国・地域(うちOECD加盟国34)、12年は65カ国・地域(うちOECD加盟国34)、15年は72カ国・地域(うちOECD加盟国35)、18年は79カ国・地域(うちOECD加盟国37)となっており、回を重ねるごとに参加する国・地域が増加しています。

PISAの主要な調査領域は、読解リテラシー(Reading Literacy)、数学リテラシー(Mathematical Literacy)、科学リテラシー(Scientific Literacy)の三領域です。各調査サイクルでは、三つのリテラシーのうち中心領域(Main Domain)となったリテラシーを重点的に調べ、残り二つのリテラシーについては概括的な状況を調べることになっています。中心領域は、読解⇒数学⇒科学⇒読解

表3-1　PISA日本の得点

	2000年	2003年	2006年	2009年	2012年	2015年	2018年
読解リテラシー	522(5.2)	498(3.9)	498(3.7)	520(3.5)	538(3.7)	516(3.2)	504(2.7)
数学リテラシー	—	534(4.0)	523(3.3)	529(3.3)	536(3.6)	532(3.0)	527(2.5)
科学リテラシー	—	—	531(3.4)	539(3.4)	547(3.6)	538(3.0)	529(2.6)

(　)内は標準誤差

……の順に3年ごとに変わっており、PISA2018までの時点では、2000年・09年・18年が読解、03年・12年が数学、06年・15年が科学となっています。次回のPISA2021は、予定通りであれば数学リテラシーが中心領域となるはずです。

ちなみに読解リテラシー、数学リテラシー、科学リテラシーは、一般には読解力、数学的リテラシー、科学的リテラシーと訳されています。しかし、「読解力」というと、国語教育の「読解」を思い浮かべてしまう人が多いように感じます。また、PISA調査には三つのLiteracyがあるのに、Reading Literacyだけ読解力で、あとの二つは○○的リテラシーと訳すのも何か妙な気がします。そこで本書では、○○リテラシーという訳に統一することにしました。

さて、表3-1には、これまでの日本のPISAの成績を一覧にして掲載しています。各領域の得点は、はじめて中心領域に指定された回のOECD加盟国の平均を500、標準偏差を100として、以後のサイクル間で比較可能なように調整されています。たとえばPISA2000の日本の読解リテラシーの得点は522点ですので、OECD加盟国の平均よりやや上だったということになります。一方、PISA2003と2006の読解リテラシーは498点ですから、2000年の結果と比べてやや下がっている上に、２０００年のＯＥＣＤ加盟国の平均点も僅かに下回ったということになります。もっとも、読解リテラシーを除けば日本のＰＩＳＡ調査の結果は５２３点から５４７点と概ね良好で、すべての参加国の中でも毎回10位以内にランクインしています。

なお、ＰＩＳＡは調査対象となった国のすべての生徒を調査しているわけではなく、一部の生徒のみを抽出して実施するサンプリング調査です。抽出作業などの影響もあって、ＰＩＳＡ調査で得られた得点には、各国の「真の成績」からのズレがあります。表３-１の（　）内の数値は、このズレを表す標準誤差と呼ばれる数値です。大雑把な目安としては、標準誤差のプラスマイナス2倍の範囲に日本の「真の成績」があると考えればよいでしょう。たとえば、２０００年の読解リテラシーは５２２点ですが、実際には５３２点(522＋2×5.2)から５１２点(522−2×5.2)くらいまでのズレが生じる可能性があるということです[1]。

各サイクルのＰＩＳＡの概要については、国立教育政策研究所から、より詳しい解説が出版されていますので、興味のある方は手にとってみると良いでしょう[2]。もっとも邦訳が手に入るのは調査の概要部分だけで、調査設計について解説したTechnical Report は邦訳されていません。つい最近、ＰＩＳＡで利用されている技術概要を解説した日本語の書籍が出版されたのですが、か

（１）簡便に説明するために、不正確な表現をしています。正しく解釈したい方は、信頼区間や標準誤差について学習しなければなりません。

（２）最新のＰＩＳＡ２０１８のTechnical Report は、ＯＥＣＤのホームページ(https://www.oecd.org/pisa/data/pisa2018technicalreport)で公開されています。

なり噛み砕いた内容ではあるものの、まったく統計を学んだことがない人にはハードルが高いものになっています(袰岩ほか2019)。そこで以下では、ほとんど何の予備知識もない読者を前提に、大規模な学力調査を行う際に求められる技術について解説したいと思います。

2　学力をどう測るか

大規模な学力調査を実施する際に、まず考えないといけないことは、学力をどう測るかという点です。さまざまな注意点があるのですが、ここではPISA調査を理解するために最低限必要なものに絞って解説していくことにしましょう。

(1) 学力の正確な値を観測することはできない

最初に、学力の正確な値を観測することは不可能であるということを確認しておきましょう。どのような学力テストであっても、私たちは学力の正確な値を観測することはできません。たとえば、算数の学力テストを考えてみましょう。多くの人は、これまでの人生で何度もテストを受けてきたと思います。そのたびに、60点や80点といった成績を取り、それが自分の算数の学力を表す数値だと考えてきたでしょう。

しかし、ここでいう60点や80点は、あなたの「真の学力」ではありません。たとえば次のような経験はないでしょうか。たまたまテストで出題された設問が自分の得意な(あるいは不得意な)分野だった。1〜5の選択肢から適切な数字を選べといったふうな多肢選択式の問題で、答えはわからなかったが適当に回答したら、たまたま正解してしまった。体調が悪くて、テストを最後まで解くことができなかった。たまたまヤマを張っていた内容が出題された。……等々。例を挙げるのはこのくらいにしますが、実際のテストの場面では、他にも数多くの「たまたま」が存在し、得点を上下させることになります。そのため、テストの点数はあなたの「真の学力」とはズレている可能性が高いのです。

このことは極めて重要ですが、多くの人が(時に教育研究者たちも)見落としている点なので、少し詳しく確認しておきましょう。そもそも論理的に、私たちは「真の学力」というものを観測することができません。これは、中村(2018:58−82)が的確に指摘していますが、学力とは本来、目に見えないものです。確かに私たちは、算数のテストによく正答する子どもは、算数の学力が高いだろう……と考えています。しかし算数のテストは、算数の「真の学力」だけを測っているわけではありません。たとえば、算数のテストの設問が、すべて受験者の知らない言語で書かれていたらどうでしょう。文章が読めないのですから、その受験者の得点は下がってしまうはずです。この例からもわかるように、算数のテストと言えど、その結果にはテストで用いられる言語の読解能力という他の学力が混入しています。

断っておきますが、これはテストで学力を測ることができないという話ではありません。テストで測定された学力というのは、あくまでも一定の前提(先の算数のテストの例で言えば、受験者が、テストで用いられる言語の読み書きはできるという前提)の上に成立するものであるということなのです。さらに、テストをする度にさまざまな「たまたま」によって、テストの点数は上下します。ですから学力テストの結果として得られた点数というのは、「真の学力」などではなく、おそらくこの人の学力はこのくらいだろう……という推測を含んだ数値になっているということです。

いかなるテストであれ、完全に「真の学力」を測定できるわけではありません。ですからテストの点数のちょっとした変化に過剰に意味を読み取るべきではありませんし、１００点満点のテストの点数が79点だったか80点だったかで、人生が変わるような状況はあまり好ましいとは言えません。日本の受験を経験した人の中には、たった1点の違いで合否が分かれることを「当たり前」だと考えている人もいるでしょうが、それは単に多くの人が「そういうものだ」と納得しているだけであって、実際には改善の余地が少なくないのです(3)。

それはさておき、テストの点数が常に「真の学力」からズレるとは言え、そのズレをできるだけ小さくしていくことは重要です。テスト作成とは、テストの点数ができるだけ「真の学力」に近づくように努力を重ねていくことだと言えるでしょう。それでは、具体的にどのような努力をすれば、私たちは「真の学力」に近い数値を知ることができるのでしょうか。さまざまな方法があるのですが、ここでは大規模学力調査において重要なポイントをいくつか紹介することにしましょう。

(2) 測りたい学力を明確に定義する

大規模学力調査を設計するときに、おそらくもっとも重要なことは、測りたい学力を明確に定義するということです。当たり前だと思われるかもしれませんが、日本の教育現場ではしばしば、人によって定義が異なる力を測ったり、育てようとしたりすることがあるのです。

たとえば「生きる力」はその典型的な例の一つです。文科省は、現代の社会は大きく変化しており、これからの学校教育は子どもの「生きる力」を育むことが重要だと言っています[(4)]。この事自体は否定しづらいのですが、肝心の「生きる力」の中身は曖昧で、人によって考えていることが大きく異なっています（濱元２０１４）。プログラミングができることを「生きる力」の必須要件と考える人もいるでしょうし、英語が話せることを「生きる力」の要件と考える人もいるでしょう。しかし中には、プログラミングも英語も不要で、誰とでも仲良くなれることを「生きる力」と捉える人もいるのです。これだけ人によって捉え方が変わるようでは、「生きる力」を測定するテストを作ることは不可能です。

ＰＩＳＡを例に考えてみましょう。まず、ＰＩＳＡの測りたい学力とはどのようなものでしょうか。ＰＩＳＡの目的は、将来の社会で必要とされる能力（リテラシー）がどの程度身についているかを調べることです。将来の社会で必要とされる能力と言っても漠然としていますので、具体的なＰＩＳＡの設問を見てみることにしましょう。ＰＩＳＡで出題されている設問の一部は、国

（３）　この点については、たとえば日本テスト学会編（２００７：９４－９６）も参照してください。
（４）　たとえば保護者用パンフレット（https://www.mext.go.jp/a_menu/shotou/new-cs/pamphlet/__icsFiles/afieldfile/2011/07/26/1234786_1.pdf）などを参照してください。

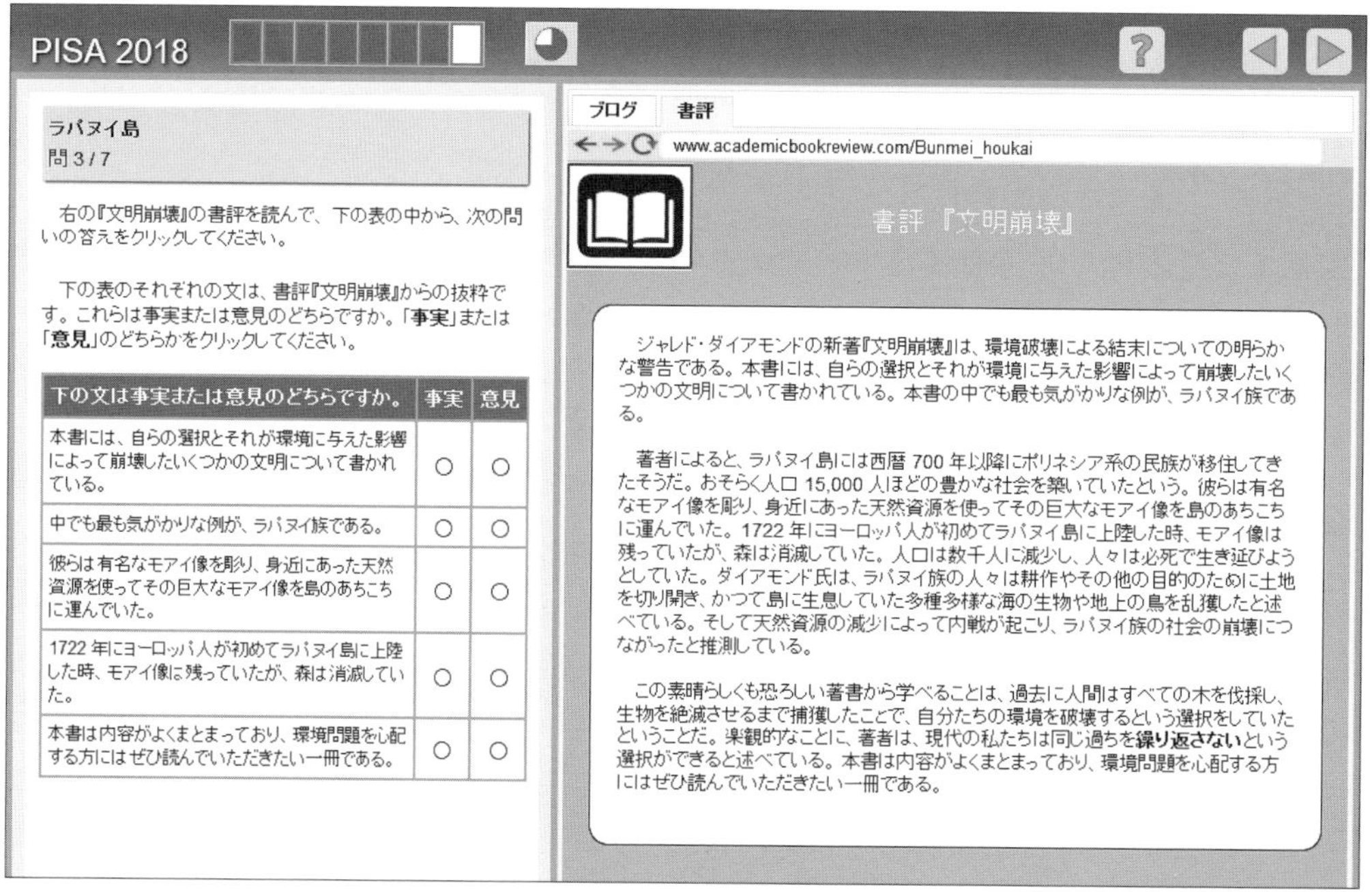

図 3-1　PISA 2018 調査問題例

立教育政策研究所のホームページ(5)から見ることができます。

図3-1は、最新のPISA2018の「ラパヌイ島」という設問の3問目です。PISA2018は基本的にはコンピュータを利用した評価(Computer-Based Assessment：CBA)ですので、図3-1は、コンピュータ上の画面ということになります。ちなみにPISAの設問には難易度が設定されており、もっとも難しいものが難易度6、もっとも簡単なものが難易度1bとなっています。この設問は、読解リテラシーの難易度5に該当するので、比較的難しい設問だと言えるでしょう。

設問の内容は、画面の左側に表示されています。簡単に要約すると、画面の右側に表示された『文明崩壊』という本の書評を読み、画面の左下に表示されている五つの文章が、それぞれ「事実」なのか「意見」なのか判断するというものです。たとえば二つ目の文章「中でも最も気がかりな例が、ラパヌイ族である」は、書評した人の「意見」ですから、「意見」が正答ということになります(6)。

ここではわずか1問を紹介しただけですが、それでもPISA調査の読解リテラシーがどのような性格のものなのか、ある程度想像できます。たとえば、PISA2018のすべての設問がデジタルデバイス上で出題されているということは、PISA調査が想定するこれからの社会が、

(5) https://www.nier.go.jp/kokusai/pisa/pdf/2018/04_example.pdf
(6) ちなみに正答は、上から順に「事実」「意見」「事実」「事実」「意見」です。五つすべてが正答で完全正答になります。

デジタルデバイス上の情報を読み取り、マウスでクリックしたり、キーボードで入力したりして、反応することが求められる社会であるということを示しています。また、しばしば指摘されることですが、アメリカやヨーロッパの読解に関する教育では、図3-1の例のように、書かれた内容が「事実」なのか、それとも「意見」なのかをはっきりと区別できることが、優れた読み手の条件とされています(三森2013：36)。この設問内容は、PISA調査の読解リテラシーが、アメリカやヨーロッパの教育の影響を強く受けていることを示していると言えるでしょう。

PISA調査の読解リテラシーをめぐっては、それが日本では「読解力」と訳されていることもあって、日本の国語教育で育てている学力と近いものと解釈されることもあるようです。しかしPISAの読解リテラシーは、あくまで書かれている文章をもとに議論することに主眼があるため、日本の国語教育で育てている学力とは、重ならない部分もあります。

日本ならではの典型的な例の一つが、テキストに書かれていない内容を想像して読むという取り組みです。皆さんは、国語の授業で「主人公は、この後どうなったのだろうか。主人公の気持ちを想像しながら、物語の続きを考えてみよう」といった課題に取り組んだことはないでしょうか。こうした課題は、他者の気持ちを推し量る力を育てるという点では確かに有効なものと言えるかもしれません。しかし、書かれていない内容を想像させるというのは、PISA調査の読解リテラシーの範疇に入っていません。むしろPISAの採点基準では、文章に書かれていない内容を想像して書く行為が、減点の対象になることもあるのです。表3-1で見たように、PISAの成績では、日本は数学リテラシーと科学リテラシーが高い一方で、読解リテラシーがやや劣る傾向が見られます。最新のPISA2018がコンピュータを使った調査だったため、コンピュータに不慣れなことがその理由とされることもありますが[7]、私には、日本の子どもの読解リテラシーが低い理由は、そもそも日本の国語教育が育てようとする学力と、PISAの定める読解リテラシーがズレていることも、その一因であるように思えます。

断っておきますが、私は日本の国語教育を否定しているわけではありません。あくまでPISA調査が考える読解リテラシーと、日本の国語教育が育てようとしている学力にはズレがあると言っているだけです。第1章でも少し触れましたが、PISA調査は、設計の中心を担っている西洋の教育研究者たちが、これからの社会で必要だと考える学力を測っているに過ぎません。西洋社会の発想が現在の世界で強い影響力を持っていることは確かですが、日本の学校教育が、それを全面的に正しいと受け入れるべきなのかどうかは、また別の問題です。

それはともかく、学力調査で測りたい学力を明確に定義すれば、個々のテストの設問に対して、「これは良い」「これは違う」と判断することが可能になります。先の例で言えば、PISAにおいては、デジタルデバイス上のテキストを読んで「事実」と「意見」を区別させる設問は「良い」設問ですし、登場人物の気持ちを書かれていない情報に基づいて記述させる設問は「悪い」設問だということになります。テストで測りたい能力が曖昧だと、こうした判断をすることさえ

(7) 産経新聞「PISA調査 日本の読解力低迷、読書習慣の減少も影響か」https://www.sankei.com/life/news/191203/lif1912030037-n1.html

できません。ですからテストの設計においては、設問を作成する前に、一体どのような学力を測りたいのか明示することが、極めて重要なのです。

（3）設問をできるだけたくさん用意する

どのような学力を測るのか決めたら、次のポイントは、テストの設問をできるだけたくさん用意するということです。繰り返しになりますが、学力というのは目に見えない、曖昧なものです。ですから、たった2〜3個の設問で、学力の高低を判断するのは好ましいことではありません。時間の都合もあるため、無限に設問を出題するわけにはいきませんが、可能なかぎり多くの設問を受験してほしいところです。ＰＩＳＡの場合、それぞれのリテラシーごとに１００を超える設問が用意されています。

また、テストを受験する子どもには、学力の高い子もいれば低い子もいると考えられます。ですからテストの設問も、簡単なものから難しいものまで、さまざまな難易度のものを用意したいところです。簡単な設問ばかりでは、学力の高い子どもは満点だらけになってしまい、学力実態がよくわからないということにもなりかねないからです。

ここで一つ注意しておきたいことは、大規模な学力調査において学力を測る場合、多くの人が満点（あるいは0点）をとってしまった場合、そのテストは失敗だという点です。満点（あるいは0点）ということは、用意した設問でその受験者の学力がうまく測れなかったということですから、テストをした意味がありません。そのためテスト作成では、できるだけ難易度の異なる設問を作

成し、0点や満点の人が生じないようにテストを作ることが重要になります。(8)

設問を作成するときは、測りたい学力に関わる分野の専門家たちによる慎重な検討が必要です。どんなに設問を作るのに慣れた達人であっても、一発で質の高い設問が作成できるわけではありません。思いもよらぬ、ちょっとした言葉の変更で、設問の質が下がってしまうことはしばしば起こります。ですから多くの設問を作成するだけでなく、実際の受験の場面を想定した予備調査を実施し、最適な設問を選ぶ作業が必要になります。

設問を精選する際は、統計的な分析も併用されます。少し例を挙げておきましょう。図3-2を見てください。これは、横軸に受験者の学力を、縦軸に正答率を取ったグラフです。図中の3本の線は、それぞれが異なる設問AからCを表しています。

まず設問Aは、受験者の学力が−4程度と低いときは正答率が低いのですが、受験者の学力が−2くらいになると正答率が上昇し、学力が0を超えたあたりでほぼ100%正答するようになっています。これに対して設問Cは、受験者の学力が−2くらいでは正答率がほぼ0で、受験者の学力が0を超えたあたりから正答率が上昇し、学力4でようやく正答率が100%近くになります。要するに、設問Aは簡単な設問、設問Cは難しい設問と言えるでしょう。

設問Aや設問Cは、学力があるラインを超えると急激に正答率が上昇していますが、一方、設

(8) テストの目的によっては、偏った難易度の設問を出すことが推奨される場合もあります。たとえば、基礎的な日本語の運用能力が身についているかどうかを知りたい場合、むやみに高度な設問を設定する必要はありません。

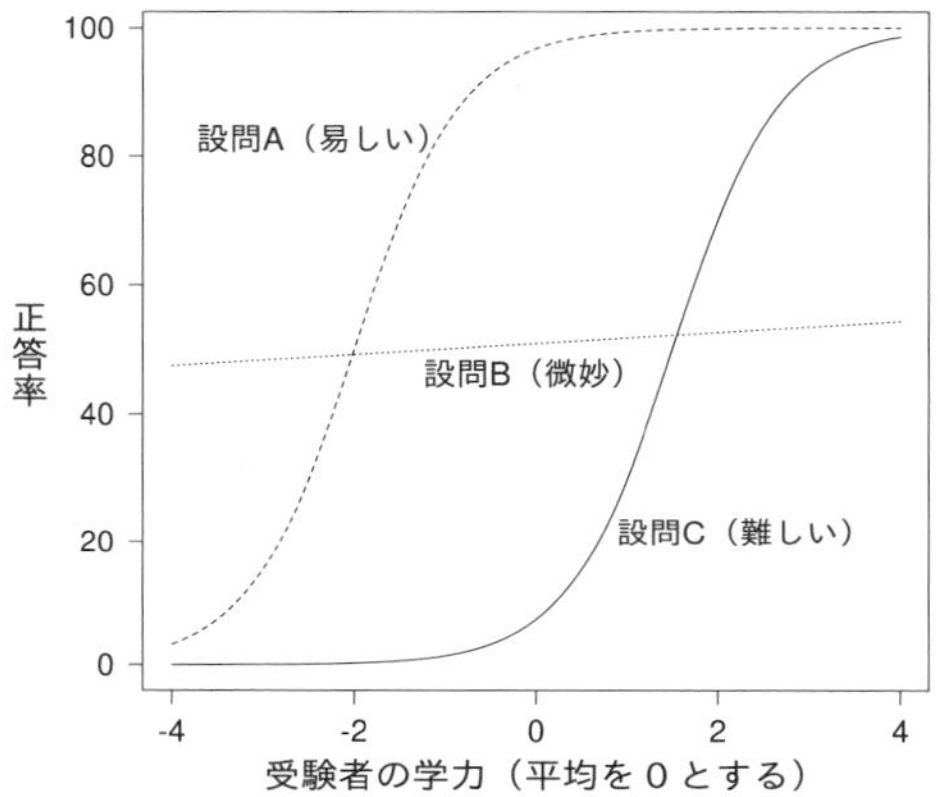

図 3-2　設問の難易度と正答率

問Ｂは学力が上昇しても、あまり正答率が伸びません。これは設問Ｂが受験者の学力を判定するには使いづらい（≒あまり出来の良くない）設問であるということを意味します。設問の内容にもよりますが、こうした設問はできるだけ本番のテストには出題しないほうが良いでしょう。

実際の過程はもっと複雑ですが、テスト作成においては、こうした分析を繰り返しつつ、設問Ａや設問Ｃのように、できるだけ受験者の学力をハッキリと判定できる設問を選んでいきます。さらに、その難易度が簡単なものから難しいものまで、できるだけまんべんなくバラつくようにテストを作成していくのです。

（4）項目反応理論という考え方

ところで、ここまで説明してきたテスト設計の考え方の背後には、項目反応理論（Item Response Theory：ＩＲＴ）というテスト理論があります。このテスト理論の考え方は、日本の小中学校で一般的な１００点満点のテストの考え方と大きく異なるため、ここで少し詳しく説明しておきましょう。

ＩＲＴの特徴の一つは、受験者の学力とは別に、個々のテストの設問に固有の難易度があると考えるところにあります。先ほど図3-2のところで、学力-2の人は、易しい設問Aには50％正答することができ、難しい設問Cにはまず正答することができないといった説明をしましたが、ここでは受験者の学力と設問の難易度は、別々のものとして扱われています。実はこれは、日本の小中学校で一般的な１００点満点のテストでは不可能なことなのです。

テスト理論の分野では、１００点満点のテストの考え方を古典的テスト理論(Classical Test Theory：ＣＴＴ)と呼ぶことがあります。ＣＴＴでは、テスト全体や各設問の難易度と受験者の学力は不可分です。このことを、典型的なＣＴＴの一つである全国学力テストを例に考えてみましょう。今、全国学力テストの去年の平均正答率が65％、今年の正答率が70％だったとします。このとき、全国の子どもたちの学力が上がったと考えて良いでしょうか。答えはＮｏです。なぜなら、単に今年のテストが去年に比べて簡単だったために、正答率が上昇したのかもしれないからです。

全国学力テストの例からもわかるように、ＣＴＴの結果には、テストの難易度と受験者の学力の両方が影響しています。ですからＣＴＴの結果をもとに、受験者の学力の変化を議論することは容易ではありません。もちろん完全に不可能というわけではなく、毎年度まったく同じテストを行えば、ＣＴＴでも学力の変化を捉えることは可能です。ただ、まったく同じテストを毎年していると、ふつうはテスト対策が行われ、子どもの学力とは関係ない理由で正答率が上昇してしまうでしょう。

一般に、国や世界を対象に実施される大規模な学力調査では、異なる時点の調査結果を比較して、点数が上昇した(あるいは下降した)といった判断ができることが重要です。そうでないと、自分たちの政策が効果的だったのかどうかがわからないからです。しかしここまで見てきたように、CTTに依拠した学力テストでは、異なる時点間で点数を比較することが容易ではありません。

そこで利用されているのがIRTです。先ほど図3-2で説明したように、IRTでは個々の設問の難易度を受験者の学力とは別に設定します。この考え方が重要になるのは、同じような難易度の設問をたくさん作成できれば、内容の異なる複数のテストの結果を比べることができるようになるからです。たとえば、設問Aと同じ難易度の設問Dが作成できれば、あるテストの設問Aを設問Dと入れ替えても、そのテストの全体としての難易度は変わらないと考えることができます。同様に、設問Cと同じ難易度の設問Eを作成できれば、設問Cと設問Eを入れ替えることができるようになります。これを繰り返していくと、まったく異なる設問群から構成されているテストであっても、その結果を比べることができるようになります。

IRTのこの特性は、現代的なテストの運用において極めて重要です。現代社会ではインターネットが発展していますから、重要な資格試験の内容が受験者によってSNSで漏洩してしまうことも珍しくありません。これでは、後に受験したものほど試験で有利になってしまいます。しかしIRTを利用したテストであれば、まったく異なる内容のテストであっても、その難易度が同一であることを保証できますから、資格試験に毎回異なる設問を出題することが可能になります。そのため、多少テストの内容が漏洩しても、影響は最小限に留まります。有名なTOEFLやTOEICといった英語力測定試験も、IRTをベースに運用されています。

現在、コンピュータを利用した評価(CBA)が話題になっていますが、ここでもIRTは重要な役割を果たします。コンピュータを利用した試験を行うメリットはいくつかありますが、中でも有益な特徴が、受験者の学力に相応しい設問を出題できるという点です。紙をベースにしたテストでは、テスト中に設問を差し替えることはできませんから、学力の高い子どもがあっさりすべての設問に回答してしまったり、逆に学力の低い子どもがまったく設問に回答できないという事態が生じます。コンピュータを使えば、それぞれの受験者の回答状況に応じて、学力の高い子どもには難易度の高い設問を、学力の低い子どもには難易度の低い設問を出題していくことが可能になります。もっともCTTの枠組みでは、受験者ごとに出題される設問が異なると、その得点を比較することはできません(難しい設問に40%正答した子どもと、易しい設問に60%正答した子どものどちらの能力が高いか判別できません)。IRTであれば、設問の難易度を手がかりに、こうした状況でも、受験者の学力を推定することが可能になります。

PISA2018がコンピュータを利用したCBAに全面的に移行したこともあって、日本でもコンピュータを利用したテストの導入が叫ばれています。しかしコンピュータを利用すれば、それだけで自動的にテストが良くなるわけではありません。コンピュータを利用したテストの利点を活かすには、その前提としてIRTを利用する必要があるということを、もっと知ってもらいたいと思います。

（5）全員が同じテストを受験しない

さらにもう一つ、大規模学力調査において重要なことを指摘しておきましょう。それは、全員が同じテストを受験してはいけないという点です。なぜなら、すべての子どもが同じテストを受験すると、全体として見たときにテストの精度が下がってしまうからです。

テストに使える時間の制約や、受験者の疲労といった問題があるため、一度のテストで一人の子どもが回答できる設問の数には限界があります。全国学力テストのように、全員が同じテストを受験するというテスト設計では、国語や算数（数学）といった幅広い調査領域のうち一部しかカバーできません。これでは全員を調査したにもかかわらず、全体として見ると、その国の子どもの得意・不得意な領域は十分にはわからないという事態が発生してしまいます。

幅広い領域をカバーするために、ＰＩＳＡで利用されてきた方法が、重複テスト分冊法と呼ばれる技法です。これは、テストで出題したい設問を複数のブロックに分割し、いくつかのブロックをまとめてテストの分冊を作成するというものです。さらに、表３-２のように、分冊同士の内容が重なるようにブロックを配置します。

ここでは説明のために、１００の設問を20ずつ、Ａ～Ｅの五つのブロックに分割したとしましょう。すると表３-２のように、各分冊は二つのブロックで構成されることになります。子どもたちには分冊１～５のうち、いずれかを受験させます。こうすると、一人の子どもは２ブロックのテスト項目（40題）に答えるだけで済む一方で、全体としては５ブロック分（１００題）のテスト項目を出題することが可能になります。

表3-2　重複テスト分冊法のイメージ

	分冊ごとの配置				
分冊1	ブロックA	ブロックB			
分冊2		ブロックB	ブロックC		
分冊3			ブロックC	ブロックD	
分冊4				ブロックD	ブロックE
分冊5	ブロックA				ブロックE

割り当てられた分冊ごとに異なる設問から構成されるテストを受験しているのに、結果を比較できるのだろうかと思う人もいるかもしれません。ここで登場するのが、先ほど述べたＩＲＴの考え方です。それぞれの分冊同士には重複する設問がありますから、この重複を手がかりに、それぞれの分冊の難易度やその結果を比較することができるのです。

もっとも、一人一人の子どもは用意された設問の一部しか解いていませんから、すべての設問を解いた場合と比べると、一人一人の学力の推定値はそれほど信頼できるものにはなりません。しかし、幅広い設問を出題しているために、全体の状況はよくわかります。その意味では、重複テスト分冊法とは「一人一人の学力を推定することよりも、全体の学力を推定することを優先した技法である」と言うことができるでしょう。

先ほど重複する設問を手がかりに分冊ごとの結果を比べると書きましたが、この発想は異なる年度のテストの点数を比べるためにも使えます。表３-１でも確認してきたように、ＰＩＳＡでは各サイクルの得点を比較可能ですが、これはサイクル間で共通の設問を利用することで可能になっているのです。

ただし注意しなければならない点もあります。それは、肝心な共通の設問は厳重に秘匿しないといけないという点です。共通の設問を公開してしまうと、特別なテスト対策をする人が出てくるかもしれません。そうなると学力の変化の推定は失敗し、ある国の学力が上昇（あるいは下降）したのかどうか判断することができなくなってしまいます。PISAでは調査に利用する問題は厳重に秘匿し、利用しなくなった問題を公表するという作業を続けているのですが、ここには、IRTを利用した大規模学力調査の設計が関係しています。

3　社会調査の考え方

（1）学力調査の悉皆実施は難しい

第2節で確認したことは、学力を測るには、それ相応の準備が必要だということでした。測りたい能力をきちんと定義し、その能力にあった設問を多数作成した上で予備調査を通して吟味し、それを重複テスト分冊法によって配置していく……。こうした複雑な手順を経ることが必要なのです(9)。

しかし、これはまだ学力調査を実施する作業の始まりに過ぎません。ここからさらに、調査対象となった学校に連絡し、調査の許諾を取り付け、テストを配布してデータを回収し、採点を行って、何か問題点が見つかったら各学校に問い合わせるなどして修正する……といった作業が必要です。現行の全国学力テストのように、PISA調査で対象となった国のすべての15歳の学力を測ろうとしたら、間違いなく、とてつもない労力が必要になったでしょう。日本には現在50

00校近い高校があり、約100万人の高校1年生がいるのですが、そのすべてに連絡を取って調査をするなどというのは、気の遠くなるような作業です。おまけに回収したデータのチェックをしなければなりません。巷でよく使われている表計算ソフトであるMicrosoft Excelで100万行を超えるデータを開いた経験のある人はそういないと思いますが、この規模になると開くだけでExcelが数分間固まってしまい、入力された数値を確認するのも一苦労です。

さらに、第2節(5)で説明したように、大規模な学力調査ではテストの設問を秘匿する必要があります。すべての生徒を対象に調査を実施した場合、秘密を守ることはかなり難しくなるでしょう。第1章で説明してきたとおり、各自治体・各学校の平均正答率が計算できてしまう学力テストの悉皆実施は、その結果が関係者に大きな影響を与えるテストになりやすい傾向があります。こうしたテストを「ハイ・ステークスな試験」と呼ぶ(光永2017:33、168)のですが、ハイ・ステークスなテストでは、関係者に不正を行う誘因が働きます。設問を事前に入手しようとしたり、受験者にこっそり正答を教えたり、あるいは成績の悪い子どもを欠席させたりといった不正が発生してもおかしくありません。これは、各国の成績を比較するというPISAの目的に照らして、好ましいものではありません。

また、設問が漏洩することを防ぐために、悉皆実施の学力テストは、まったく同じ日・同じ時間に試験を開始しなければなりません。テストを監督できる人材を確保するだけでも、相当な予

(9) PISA調査の場合、さらに翻訳の作業が加わります。

算が必要になりそうです。ちなみに日本では、全国学力テストや大学入試センター試験のように、同一日時に共通のテストを実施することがしばしば行われていますが、これは関係者がほぼ手弁当で参加しているからできることなのだということを忘れてはいけません。

それでは、どうすればよいのでしょうか。テストの目的にもよりますが、PISAのように各国の実態を比較することが主な目的なのであれば、すべての対象を調査するのではなく、必要最小限の対象を調査するほうが、適切に実態を把握できる可能性が高まります。ここで役に立つのが、社会調査における標本抽出の考え方です。

(2) 標本抽出の考え方

標本抽出とは、調査対象のすべてを調査する(これを全数調査と呼びます)のではなく、調査対象を代表するような集団(これを標本と呼びます)を選び出してきて、その標本だけを調査する手法のことです。詳しい説明は省きますが、標本をうまく選ぶことができれば、少数の標本であっても全体の様子を推測することが可能です[10]。

ここではPISAの手順をもとに、標本抽出の実際について見ていくことにしましょう。まずは調査対象の集団を明確にします。PISAの調査対象は、「各国の学校に通っている15歳」と決められています。そこで15歳児が一人でも所属しているすべての学校をリストアップすることになります。日本の場合は年齢≒学年なので、PISAの対象となっている15歳はすべて高校1年生であり、まだリストアップは容易ですが、他国では留年や飛び級もあって、対象者が複数の学年にまたがっていることも珍しくありませんから、学校を調べるだけでもそれなりに大変です。リストアップされた学校の中には、事情があって調査に参加できないところもあります。たとえば、特別支援学校や民族学校、あるいは地理的に遠隔地にある学校などです。こうした学校は、事前に調査対象校から除かれることがあります。もっとも無闇に対象校を減らすと、その国の15歳児の実態からかけ離れてしまいますから、そうならないよう除外の割合には一定の基準が設けられています。この基準を上回った場合は、調査に参加することができません(袰岩ほか2019:45)。

調査対象校のリストができあがったら、次はそこから実際に調査をする対象を選びます。このとき重要なのは、限られた標本数で全体の傾向をつかめるように調査対象を偏りなく選ぶことです。これを味噌汁の味見にたとえる人もいます。味噌汁の味見をするのに、作ったスープを全部飲んでしまう人はいないでしょう。ふつうはしっかりとかき混ぜてから、スプーン一杯だけ味見をします。標本抽出も同じことで、特定の地域の人だけを選んでしまうことは避けなければなりません。たとえば日本国民の好きな野球の球団を知りたいときに、福岡だけで調査対象者を選んだらどうなるでしょうか。福岡はソフトバンクホークスの本拠地で、ホークスファンが多いので、おそらくソフトバンクホークスがもっとも人気の球団であるという結果になるでしょう。しかし

(10) 標本抽出については、社会調査の入門書(津島ほか2014、轟・杉野2017、杉野2017)を参照してください。

これは、日本国民の平均的な姿とかけ離れています。

典型的な社会調査の教科書では、調査対象となり得る人々をリスト化した名簿から調査対象者をランダムに選ぶ、単純無作為抽出法が紹介されていることが多いようです。しかしＰＩＳＡでは、単純な無作為抽出は利用されていません。まずは調査対象国の学校のリストから対象となる学校を選び出し、さらに選ばれた学校の名簿をもとに生徒を抽出するという、多段階抽出法と言われる方法が採用されています。単純な無作為抽出法を採用してしまうと、一つの学校に一人しか調査対象者がいないという事態が起こりえます。こうなると、たった一人のためにその学校に調査に出向かなければならなくなるのでコストがかかりますし、学校ごとに結果を分析しようと思ったときに、それが学校の特徴なのか、それともたまたま選ばれた生徒の特徴なのか区別できなくなります。

他にも単純な無作為抽出では、都市部の学校ばかり選ばれてしまうとか、逆に農村部の学校ばかり選ばれてしまうといった偏りが生じる可能性もあります。こうした事態を避けるため、事前に都市部の学校／農村部の学校のリストを別にしておいて、それぞれから同じ確率で学校を選ぶ、層化抽出という手法も利用されています。また、社会的に不利な立場におかれやすい人々（マイノリティ）の子どもたちは、単純無作為抽出では調査対象が少なすぎて、分析に利用できるだけの標本が集まらないという問題もあります。そのため、いくつかの国では、マイノリティの子どもたちを多めに抽出するといった作業（over sampling）が行われています。さらに調査依頼を行ったときに、何らかの事情で対象校が辞退を申し出てくることもあります。こうした事態に備えて、対象校だけでなく代替校も事前に選んでおかなければなりません。学力調査の対象校がどうやって選ばれているのかに関心を寄せる方はほとんどいないでしょうが、PISA調査の調査対象は、このようなかなり複雑な手順を経て選ばれているのです。

それでは、こうした手順を経て選ばれた学校だけを調査して、果たして全体の学力を正しく推測できるのでしょうか。PISA2012の場合、国際ルールとして、調査に参加する生徒の人数が4500人以上、参加する学校の数が150校以上になることが各国に求められています。[11] この数値を少ないと思う方もいるかもしれませんが、これだけの標本があれば、すべての子どもたちが受験した場合の能力を、かなりの精度で推定することが可能です。日本の場合は例年、約6000人を抽出しているのですが、表3-1に示したように、PISA2018の日本の読解リテラシーの得点は504点、標準誤差が2・7なので、日本の真の読解リテラシーの得点はだいたい509点から499点程度だと考えて差し支えありません。100万人のうちのたった6000人しか抽出していないにもかかわらず、この程度の誤差で平均点を推測できるのであれば、相当な精度であると考えて良いと思います。[12]

(11) 各学校からは35人を抽出します。
(12) PISAの標準誤差には、標本抽出に伴う誤差以外にも、重複テスト分冊法を利用したことによる誤差も関わっています。詳細については、推算値法(Plausible Values：PVs)という技法(村木2009、袰岩ほか2019)を参照してください。また、PISA2015以降でやや標準誤差が小さくなっていますが、これはコンピュータを利用した評価(CBA)を導入したことで、出題できる設問数が増加したことが関係しています。詳しくは、PISAのTechnical Report(OECD 2017)を参照してください。

標本抽出は、他の大規模な学力調査でも採用されている標準的な技法です。社会調査の知識を使えば、調査対象の数を抑えつつ、知りたいことを知ることが可能です。全国学力テストで採用されている悉皆実施は、コストや精度という面から見て、好ましいことではありません。PISAに倣うのであれば、大規模な学力調査は、まずは抽出調査で考えるべきでしょう。

4　背景指標を取得する

ここまで見てきたのは、ある国の子どもたちの平均的な学力をどうやって測るかという話でした。これだけでもだいぶ大変な作業だと感じたと思いますが、大規模学力調査の設計はここで終わりません。学力を測ったら、今度は、なぜある国や地域の学力が高いのか、どのような社会的属性を持つ人たちはとくに学力が高いのか、あるいは、どういう教育をしている国の学力が高いのか、といったことが気になってくるでしょう。PISA調査では、さまざまな背景指標を取得することで、この問いに答えられるように設計されています。具体的には、学力テストに加えて、生徒・学校長・教員・保護者に対する質問紙調査が実施されているのです。ここでは、ふだんの生活や学校でのカリキュラム、あるいは保護者の学歴や家庭にある本の数など、学力に関係すると考えられる要因について細かく質問されています。もっとも、保護者調査には日本は参加していません。

PISA調査で注目したいことは、こうした質問紙の中に、子どもの社会経済的背景に関する設問が含まれており、分析の際にとくに重視されているという点です。PISAでは、毎回ESCS(Economic, Social and Cultural Status：経済的・社会的・文化的地位)と呼ばれる指標が作成されています。これは、生徒質問紙にある、両親の学歴・職業・家庭にある本の冊数といった設問に対する回答をもとに、一人一人の生徒の社会経済文化的地位を表した数値です。

なぜこのような指標が必要なのでしょうか。それは、子どもの社会的属性が学力と強く関連していると考えられているからです。日本では、学力テストの点数は、その子の努力や才能を示したものと捉える傾向が強いように思いますが、学力テストの点数をもとに議論するときに、子どもの社会的属性を無視することには大きな問題があります。

この点を確認するために、図3-3を見てみましょう。この図は、西日本のある自治体で行われた中学1年生を対象にした学力調査のデータをもとに、私が作成したものです。図の縦軸が学校ごとの国語のテストの平均正答率、横軸が学校ごとの就学援助率です。また、一つ一つの円が各学校に在籍する1年生の人数を示しており、大きい円ほど大規模校であることを意味します。図中の破線は、回帰直線と呼ばれる直線で、この線を見れば、学校ごとの就学援助率と正答率の関連を推測することができます。図3-3のデータでは、就学援助率が10ポイント上昇するごとに、およそ4.4ポイント国語の正答率が低下する傾向があることがわかりました。

一見してわかるように、各学校の就学援助率が上昇するほど、明らかに国語の正答率が低下する傾向があります。学力テストの正答率が高い学校は、学校や教員が頑張っているのだと考える人は少なくありませんが、この図を見れば、それは、あまりにも学校や教員の力を過信した楽観的な見解だということが理解できるでしょう。ほとんどの学校は就学援助率から予測される回帰直線の近くにあります。回帰直線から大きく離れた位置にある学校がまったく無いとは言いませんが、それは、円の大きさの小さい小規模な学校に限られます。当たり前のことですが、就学援助を受けている子どもの中にも成績の高い子どもはいます。ですから小規模な学校であれば、就学援助を受けている子どもが多くても成績が高いということが起こるのです。しかし、学校の規模が大きくなるにつれ、こうした偶然は起こりにくくなります。

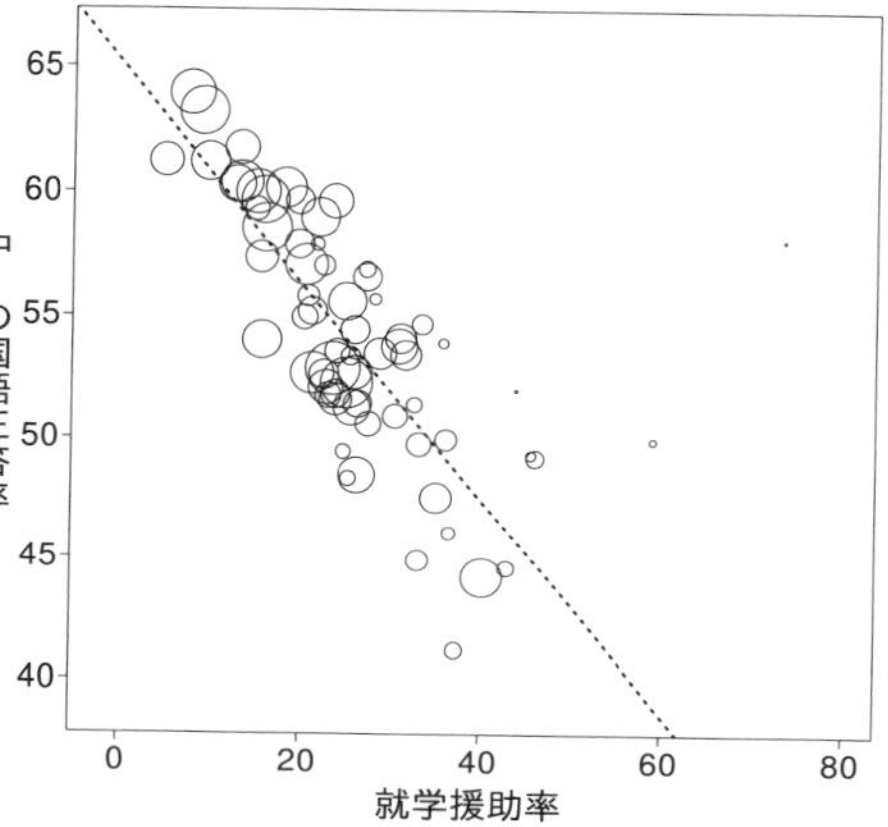

図3-3　国語の正答率×就学援助率

要するに、図3-3は、国語の正答率の高い学校とは、学校や教員が頑張っている学校ではなくて、単に通っている子どもが経済的に恵まれている学校に過ぎないということを示しているのです。

ＰＩＳＡ調査がＥＳＣＳ指標を利用している理由の一つが、ここにあります。一般に、子どもの家庭環境（ＥＳＣＳ指標）と学力は強い相関を示します。そのため、単純に学校ごとの平均点を比較すると、成績の高い学校は学校や教員が頑張っている学校ではなく、もともとＥＳＣＳの高い学校ばかりだったということも起こりえます。これでは、学校の取り組みが良かったから成績が高かったのか、それとももともと恵まれた環境にある学校だから成績が高かったのか、区別することができません。これは、教員や学校が子どもの学力に与える影響を検討したいＰＩＳＡ調査の趣旨からすると大きな問題です。ですからＰＩＳＡ調査をもとに、学力と指導法やカリキュラムの関連を検討する場合は、ＥＳＣＳの影響を慎重に除去する必要があるのです。

子どもの学力に影響するのはＥＳＣＳ指標だけではありません。学力に影響を与える代表的な社会的要因には他に、子どものジェンダーや外国にルーツを持つかどうかといった事柄があります。たとえばＰＩＳＡの読解リテラシーは、すべての参加国で男子より女子のほうが点数が高い傾向にあります(国立教育政策研究所編２０１９)。日本の国語のテストにも似たような傾向があり、単に女子が多いという理由だけで、その学校の国語の成績が上昇することもあります。また、外国にルーツを持つ子どもは、居住国で使用されている言葉に不慣れな場合が多いですから、学力テストの点数が下がりやすいことは容易に理解できるでしょう。

こうした事情があるため、ＰＩＳＡ調査では、学力テストの平均点の高低はもちろんですが、ＥＳＣＳ指標、ジェンダー、外国にルーツを持つかどうかといった社会的要因によって、子どもたちの間に学力の差が生じていないかどうかも、それぞれの国の成績を測る際の指標としているのです。

ちなみに、ＰＩＳＡ２０１８の結果を見るかぎり、日本の成績は国際的に見て、それほど悪いというわけではありません。たとえば、図3-4は、２０１８年のＰＩＳＡ調査のデータをもと

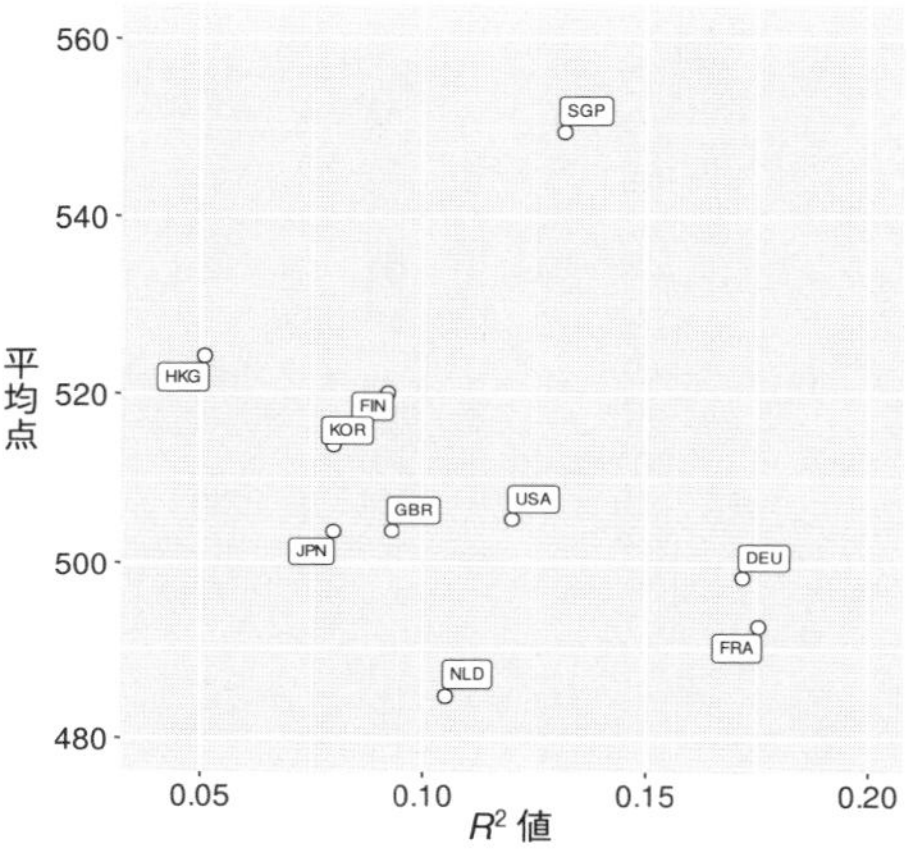

図3-4　PISA 2018の読解リテラシー

に私が作成したグラフです[13]。図の縦軸は各国の平均点、横軸はR^2値という回帰分析の指標[14]です。詳しい説明は省きますが、R^2値の値が大きいほど、ESCS指標が学力に決定的な影響を与える（＝生まれが学力を左右する）国だと考えればよいでしょう。縦軸は各国の平均点ですから、左上に行けば行くほど平等かつ平均点の高い国であり、右下に行けば行くほど不平等かつ平均点の低い国ということになります。PISAの参加国すべてを表示すると図が煩雑になりすぎるので、ここでは10の国と地域の結果のみを表示しています。

図3-4を見ると、日本（JPN）はだいたい図の中央やや左下よりの位置にいることがわかります。500点がOECD諸国の平均点ですから、平均点はそこそこで、平等度の高い国と言うことができるでしょう。ちなみに、PISAで成績が高いことで有名になったフィンランド（FIN）ですが、日本より平均点は高いものの、平等度ではやや日本が勝っているという現状です。また、韓国（KOR）や、イギリス（GBR）も、日本と近い位置にいます。シンガポール（SGP）には平均点で大きく差をつけられていますが、平等の度合いで見ると日本のほうが勝っています。また、ドイツ（DEU）、フランス（FRA）などと比べて

も、日本は平均点でも平等度でも勝っています。平均点の高低ばかりが注目されますが、PISAには他の指標もあるということは、もっと知られても良いと思います。

5 PISAから知るのが難しいこと

最後に、PISA調査から知るのが難しいことについて述べておきましょう。PISA調査は、よく練られた国際学力調査ではありますが、あらゆることがわかるというわけではありません。たとえばPISAは、ある一時点における子どもの学力を調べているに過ぎませんから、その結果も基本的には、「○○な子どもは、学力が高い傾向がある」という相関関係を明らかにするに留まります。

おそらく教育に関わる人々が知りたいことは「○○をした子どもの学力が上がるかどうか」という因果関係でしょう。しかし、これを調べるには、複数時点の学力を調べ、「○○をした子」と「○○をしない子」で学力が変化するかどうか検討しなければなりません。PISA調査の結果をもとに、因果関係を推定することが不可能というわけではありませんが、それにはかなり高

(13) 対象は日本、香港、韓国、フィンランド、イギリス、オランダ、アメリカ、シンガポール、ドイツ、フランスに限定しています。対象の選定理由については、川口編(2019)を参照してください。

(14) ESCSを独立変数、読解リテラシーを従属変数と置いたときの回帰分析の結果です。

度な分析方法が要求されます。[15]

他にも、PISA調査はもともと国際比較を主目的としていますから、各国に固有の教育問題などは、あまり細かく調査していません。たとえば日本は習い事が盛んな国で、幼い頃から複数の習い事に通っているかどうかが教育の格差につながっている国ですが、詳細な習い事に関する情報をPISAから得ることはできません。

何より、PISA調査が測定しようとしている各種のリテラシーが果たして本当に日本が育てるべき学力なのかどうかという点は、調査結果とはまったく別の次元で判断すべきものです。これまでにも何度か触れたように、PISAは「これからの社会で必要とされる能力」を測ると謳っていますが、その学力観は、西洋社会で一般的に望ましいとされる学力に偏っている傾向が見られます。PISAが測る学力が世界的に注目を集めていることは確かですが、だからといって無批判にその向上を目指してしまうと、たとえば日本の国語教育が積み重ねてきた実践を消し去ってしまうことにもつながりかねません。

本章では、PISAの設計について確認してきました。あらためて指摘しておきますが、ここで説明したような知識は、PISAのような国際調査だけでなく、あらゆる大規模な学力調査を行う上で必須となる前提です。学力調査の平均点に一喜一憂するのではなく、その背後にある各種の技術についても、目配りするようにしてほしいと思います。

(15) 因果関係を推定する技法(因果推論)については、たとえば、星野・田中(2016)を参照してください。

第4章　全国学力テストはなぜ失敗したのか

第3章では、大規模学力調査の科学について学びました。本章では、その知識を使って、全国学力テストがなぜ失敗したのかについて考えていきましょう。

1　全国学力テストは学力を測っていない

大規模学力調査の知見をもとに現行の全国学力テストの設計を見直したとき、最初に戸惑うことは、おそらくそれが何の学力を測っているのかわからないという点です。第3章で確認したように、学力調査を設計する場合は、はじめにどのような学力を測りたいのか明確に定義する必要があります。

しかし現行の全国学力テストでは、どのような学力を測るのかという肝心要の点が、ほとんど示されていません。このことは、国立教育政策研究所の全国学力テストに関する情報を掲載した

国立教育政策研究所
NIER National Institute for Educational Policy Research

サイトマップ English
カスタム検索 検索

TOP > 教育課程研究センター「全国学力・学習状況調査」

教育課程研究センター「全国学力・学習状況調査」

平成31年度調査

本体調査

- 調査問題・正答例・解説資料について (2019年4月18日)
- 報告書・調査結果資料について (2019年7月31日)
- 平成３１年度(令和元年度) 全国学力・学習状況調査の調査結果を踏まえた学習指導の改善・充実に向けた説明会資料 (2019年8月19日)
- 授業アイディア例について (2019年8月22日)

これまでの調査

平成30年度	調査問題・正答例・解説資料 2018年4月17日)	報告書・調査結果資料 (2018年7月31日)	授業アイディア例	説明会資料
	英語予備調査			
平成29年度	調査問題・正答例・解説資料 (2017年4月18日)	報告書・調査結果資料 (2017年8月28日)	授業アイディア例	説明会資料
	保護者に対する調査			
平成28年度	調査問題・正答例・解説資料 (2016年4月19日)	報告書・調査結果資料 (2016年9月29日)	授業アイディア例	説明会資料
	経年変化分析調査			
平成27年度	調査問題・正答例・解説資料 (2015年4月21日)	報告書・調査結果資料 (2015年8月25日)	授業アイディア例	説明会資料
平成26年度	調査問題・正答例・解説資料 (2014年4月22日)	報告書・調査結果資料 (2014年8月25日)	授業アイディア例	説明会資料
平成25年度	調査問題・正答例・解説資料 (2013年4月24日)	報告書・調査結果資料 (2013年8月27日) (2013年12月25日)	授業アイディア例	説明会資料
	きめ細かい調査 経年変化分析調査 保護者に対する調査 教育委員会に対する調査			
平成24年度	調査問題・正答例・解説資料 (2012年4月18日)	報告書・調査結果資料 (2012年9月18日)	授業アイディア例	—
平成23年度	調査問題・正答例・解説資料 (2011年10月18日)	—	授業アイディア例	—
平成22年度	調査問題・正答例・解説資料 (2010年4月21日)	報告書・集計結果資料 (2010年7月30日)	授業アイディア例	—
平成21年度	調査問題・正答例・解説資料 (2009年4月22日)	報告書・集計結果資料 (2010年1月15日)	授業アイディア例	—
平成20年度	調査問題・正答例・解説資料 (2008年4月23日)	報告書・集計結果資料 (2008年12月16日)	—	—
平成19年度	調査問題・正答例・解説資料 (2007年4月26日)	報告書・集計結果資料 (2007年10月25日)	—	—

研究紹介・研究成果
国立教育政策研究所で行われているプロジェクト研究など、主な研究を御紹介します。

検索・閲覧
本研究所の研究成果や教育関連コンテンツの検索・閲覧ができます。

教育情報共有ポータルサイト

幼児教育研究センター

社会教育実践研究センター

子供の成長に関する調査研究
こちらから回答できます。

トピックス
- 全国学力・学習状況調査
- 学習指導要領実施状況調査
- 指導資料・事例集
- 教育課程研究指定校事業
- IEA国際数学・理科教育動向調査(TIMSS)
- OECD国際成人力調査(PIAAC)
- OECD生徒の学習到達度調査(PISA)
- OECD国際教員指導環境調査(TALIS)
- チューニング情報拠点
- Tuningテスト問題バンク
- 「生徒指導リーフ」シリーズ・「生徒指導リーフ増刊号」シリーズ

インフォメーション
- 所長挨拶
- 目的・沿革
- 組織
- 基本方針

図 4-1　国立教育政策研究所のホームページ

ホームページを見るとよくわかります。図4-1はその画像(2020年3月現在)ですが、ここには調査問題や正答例、あるいは授業アイディア例が掲載されている一方で、もっとも肝心な「このテストではどのような能力を測るのか」に関する説明が見当たりません。

PISA調査とは違い、このホームページには、テストの質や調査設計に関する情報も載っていません。第2章で見てきたように、全国学力テストには、知識を問うA問題と活用を問うB問題があると謳われています。であれば、A問題とB問題は本当に異なる能力を測っていたのかと か、出題された設問の精度はどの程度だったのかといった検討が求められるはずです。[1] 数百ページにも及ぶTechnical Reportが毎回公表されるPISA調査に比べると、全国学力テストのこの状況は、明らかにおかしいと言わざるを得ません。

おそらく全国学力テストの主たる開発者たちのあいだでは、子どもの学力を測ることがそれほど容易な作業ではないということが、あまり理解されていなかったのでしょう。学習指導要領に則った問題をいくつか作成し、その正答率を計算すれば、それで子どもたちの学力は測れると考えていたのかもしれません。あるいは、第2章で指摘したように、学習指導要領の定着を図ることや教育現場にメッセージを届けることが目的で、子どもたちの学力を測定することはそもそも考えていなかったのかもしれません。いずれにせよ、全国学力テストが一般的な大規模学力調査

(1) 私は、ある自治体の2016年度全国学力テストの結果などのデータをもとに、中学3年生の数学のA問題・B問題の分析をしたことがありますが、A問題とB問題が異なる学力を測定しているという積極的な理由は見いだせませんでした(川口ほか2019)。

とは異なり、何らかの学力を測るために設計されたわけではないということは押さえておく必要があります。

全国学力テストの性質を理解する上でもっとも有効なのは、学校の教室で行われている、ちょっとした確認テストのイメージです。授業で学んだ漢字をすべて覚えているかどうかを確認するために、先生が適当な漢字をいくつか選んで作成したテストを受けた経験がある方は少なくないでしょう。こうした確認テストは、あくまで漢字の定着を確認しているだけですから、大規模学力テストで求められるような精度は必要ではありません。学校の先生が自らの経験をもとに、子どもたちが間違えそうな漢字や覚えておいてほしい漢字を選び、それをひとまとめにしてテストを作れば、それで十分に目的は果たせます。あるいは市販の漢字テストを購入して使っても良いでしょう。いずれにせよ、第2章で指摘したように、現行の全国学力テストは、学習指導要領の定着を確認するために、学習指導要領に基づいて作成された身につけておいてほしい問題を出題しているのですから、まさに確認テストと同質のものと考えることができます。

それにしても、学校の教室で実施するテストを、全国レベルで実施して問題は生じないものなのでしょうか。実は、第1章で触れたさまざまな混乱は、まさにこの、学校で実施するテストを全国レベルで実施したことによって生じたものなのです。以下では、この状況を「指導のためのテスト」と「政策のためのテスト」という言葉を使って説明してみたいと思います。

2　「指導のためのテスト」と「政策のためのテスト」

まずは「指導のためのテスト」と「政策のためのテスト」という二つの概念について説明しましょう。「指導のためのテスト」とは、学校の先生が日々の授業で行う、ちょっとした確認テストのことです。先ほど漢字テストの例を出しましたが、学校の先生は子どもたちの知識の定着具合を確認するために、しばしばこうした確認テストを行います。漢字テストを例に取れば、確認テストをすることで皆が苦手な漢字を見つけたり、漢字が苦手な子を見つけたりして、次の指導の手立てを考えるヒントにするわけです。子どもたちの定着状況を確認し、その結果を指導に活かすためのテストなので、このテストを「指導のためのテスト」と呼ぶことにしましょう。

「政策のためのテスト」とは、国が政策立案の基礎資料とするために行うテストのことです。当たり前のことですが、教育政策の立案には子どもたちの学力実態の把握が欠かせません。たとえば少人数指導の導入を考えてみましょう。一クラスの人数を減らせば指導が丁寧にできるので、子どもたちの学力が向上するような気がします。しかし、一クラスの人数を減らすためには、それに見合った数の教員を雇う必要があります。仮に少人数指導が大きく学力を向上させないのであれば、相当数の教員を雇わなければならない少人数指導は、費用対効果の面から見てあまり好ましくないかもしれません。このように、政策の効果を判断する一つの指標として、学力テストは有益です。そこで、こうした政策立案のための基礎資料として必要な学力テストを「政策のためのテスト」と呼びましょう。

ここで重要なのが、「指導のためのテスト」と「政策のためのテスト」に求められる要件は、相互に矛盾するという点です。はじめに「指導のためのテスト」について考えましょう。先ほど述べたように、このテストは指導の結果を確認し次の指導のヒントを考えるために、教室で行われるテストです。一人一人の結果がわかったほうが好ましいため、このテストは全員が受験することが基本になります。また、指導の成果を確認するために行っているので、最終的には全員が満点かそれに近い状態になることが理想です。加えてフィードバックのスピードも重要です。指導に活かすテストなのですから、テストの実施から返却までに数カ月もかかるようでは役に立ちません。

「指導のためのテスト」では、テストの設問の質を厳密に吟味する必要はありません。うっかり問題文の意味が伝わりにくい、質の悪い設問を作ってしまったとしても、目の前にいる子どもに出題しているのですから、テストを返す時に「この問題文はわかりにくかったかもしれないね」と子どもたちに説明すればよいのです。さらに、「指導のためのテスト」は一人一人の子どもの定着状況を把握することが重要なのであって、クラスや学校全体の平均正答率を計算する必要はありません。また、子どもたちの社会的属性を調べる必要もありません。ふつうの学校の先生なら、家庭訪問の機会などを利用して、自分が担当している子どもたちの家庭環境はおおよそ把握しているはずだからです。

続いて「政策のためのテスト」について考えましょう。目の前にいる子どもたちに配る「指導のためのテスト」とは違い、このテストは日本の子どもたちの学力実態を把握し、政策立案の基礎資料にするために行うものです。ですから、できるだけ歪みが少なく、日本全体の様子がわかることが求められます。そのため、このテストは全員が受験する必要はありません。第3章で説明したように、全員が受験するテストはハイ・ステークスなテストになりやすく、テストの結果を気にした教師や子どもたちの中に不正を行う人が現れ、結果が歪んでしまう可能性があるからです。政策立案の基礎資料にすることが目的ですから、子どもたちへのフィードバックを考える必要もありません。

何より「指導のためのテスト」とは異なり、「政策のためのテスト」は、全員が満点でないほうが好ましいテストです。少人数指導の効果を調べることを考えてみましょう。「指導のためのテスト」では最終的に全員が満点を取ることが望まれます。そのため、もし「指導のためのテスト」を使って少人数指導の効果を測ろうとすれば、少人数指導を行った学校も行っていない学校も皆が満点で、肝心の少人数指導の効果がよくわからなかったということにもなりかねません。これではテストをする意味がありませんから、「政策のためのテスト」では、できるだけ一人一人の子どもの学力が、できる子からできない子までバラついて測定できていることが望まれます。さらに「政策のためのテスト」においては、子どもたちのさまざまな社会的属性指標を調べることも重要です。そうでないと、貧困家庭の子どもの低学力など、重要な政策課題に関わる情報が得られません。

このように「指導のためのテスト」と「政策のためのテスト」は、求められる特徴が相互に矛盾しています。前者は全員受験が好ましく、全員が満点を取ることが好ましいのですが、後者は標本調査が好ましく、できるだけ全員の得点がバラつくことが重要なのです。こうした真逆の特性を持つ二つのテストを、一つのテストの中で同時に達成するのは容易なことではありません。

それでは現行の全国学力テストは、「指導のためのテスト」と「政策のためのテスト」のいずれの特徴を持っていると言えるでしょうか。第2章で触れたように、全国学力テストはその目的としては、「教育政策に活かすこと」「指導に活かすこと」の二つを掲げています。しかし実際の設計で強調されているのは、明らかに後者の「指導に活かすこと」です。現行の全国学力テストは全員受験することが前提となっている上に、学校での指導に活かすことがあちこちで強調されています。さらに子どもたちの社会的属性に関わる指標もほとんど取得されていません。こうした全国学力テストの特徴は、明らかに「指導のためのテスト」と強い類似性を有しています。とくに全国学力テストが開始されて10年が経過した2017年に専門家会議が発表した、「全国的な学力調査の今後の改善方策について(まとめ)」では、その冒頭において、子どもたちの指導に活かすために全国学力テストの悉皆実施が重要であることが打ち出されており、ますます「指導のためのテスト」へと傾斜しつつあることがうかがえます。

3　全国学力テストの根本問題

ここまで見てきたように、現行の全国学力テストは「指導のためのテスト」としての性質を持っています。そして、これこそが第1章で触れた、全国学力テストをめぐる混乱が生じた原因なのです。ほんらい教室の中だけで実施するべき「指導のためのテスト」を国が実施したために、全国学力テストは「指導のためのテスト」としても「政策のためのテスト」としても中途半端なものになってしまいました。

まずは「指導のためのテスト」の観点から、全国学力テストの問題点を整理しましょう。一つ目は、素早いフィードバックができないという問題です。少子化と言われますが、それでも全国の小学6年生・中学3年生はそれぞれ100万人前後います。この規模になると、たとえ採点者を1000人用意し1枚の答案を10分で処理したとしても、数カ月かかります(2)。実施から返却までに数カ月かかるようでは、素早いフィードバックが求められる「指導のためのテスト」としては失格です。全国学力テストでは、素早いフィードバックを可能にするために、自校採点のような涙ぐましい努力をする学校もあると言われていますが(3)、これは、もともとテストの設計に問題があったと考えるべきでしょう。

次に問題になるのが、国が実施するテストの内容は、個々の学校の実態から乖離する可能性が

(2) 1学年分だけでも要する時間は、100万人×10分÷1000人÷60分で、約167時間になります。仮に1日8時間働くとして、採点だけで20日かかります。採点ミスを防ぐためにダブルチェックをすれば2倍の40日です。さらに同数の児童生徒質問紙調査の結果を入力する作業があることも考えれば、データの整理だけで数カ月かかってもおかしくありません。

(3) 「全国学力テスト　直前に過去問くり返し　子ども・教員に負担　継続か、廃止か、抽出式か」https://news.yahoo.co.jp/byline/ryouchida/20191230-00157027/

高いという点です。「指導のためのテスト」は、それぞれの学校の教員が目の前にいる子どもたちの実態を把握して行うものです。しかし国が想定する子どもとは、あくまで日本の平均的な小学6年生・中学3年生に過ぎません。実際には、学校ごとに子どもの実態は大きく異なります。とくに、第3章4節で触れたように、児童生徒のSESは、その学校の平均的な学力実態を大きく左右します。そのため、国が平均的な子どもたちを想定して平均的な難易度のテストを一律に実施すると、全体的に学力の高い学校にとっては簡単すぎて受験する必要性がなく、逆に全体的に学力の低い学校にとっても、テストが難しすぎて受験する意味がないという状況が生まれるのです。

そもそもの問題として、国が個々の子どもたちのための「指導のためのテスト」を作成するのは、好ましいことではありません。「指導のためのテスト」は、教員が目の前の子どもたちに何が必要か判断し、臨機応変に作成するべきものです。個々の学校の事情を知らない国がテストを作成するのはお節介ですし、教員たちが子どもの実態にあわせたテストを作ったり、利用したりする力を駄目にする危険性すらあります。その意味では、全国学力テストに教育委員会／学校現場へのメッセージという目的を付与しようとすること自体、誤った発想と言えるでしょう。

これからの社会を生きる子どもたちに求められているのは、「自ら学び自ら考える力」(4)だと言われます。それならば子どもたちを教育する学校の先生にも、そうした力を養う機会を与えるべきです。

「指導のためのテスト」を国が作成するというのは、地方自治の観点から見ても問題があります。ほんらい個々の公立小中学校の指揮・監督権限は、市町村の教育委員会にあります。そのため、個々の学校で実施するテストの内容にまで国が口を出すのは越権行為なのです。地方自治が重要だとされる昨今、国が市町村の教育委員会を飛び越えて、各学校で実施されるテストの内容に口を出すのは、好ましいこととは言えません。

「政策のためのテスト」という観点から見ても、現行の全国学力テストの問題点は少なくありません。中でも深刻なのが「政策のためのテスト」に求められるテストの質が確保できていないという点です。国が実施する「政策のためのテスト」では、日本に住むすべての子どもたちの学力実態を把握し、その変化を把握し続ける必要があります。こうしたテストを作成するためには、第3章で説明したような技術が必要で、学校の先生が経験則で作成することはできません。PISA調査がそうであるように、「政策のためのテスト」ではテストで測る学力を明確に定義するのみならず、テストの精度を向上させるために数年単位の時間をかけてテスト設計や予備調査を行うことが求められます。

しかし現行の全国学力テストは、小学6年生・中学3年生の指導に活かすという名目で、すべての設問が、毎年実施直後に公開される仕様になっています。そうなると、毎年テストを一から作り直さなければなりませんから、テストの質を保つことはほとんど不可能になってしまいます。加えて、そもそも学習指導要領の定着を確認するという目的が前提となっていたために、現行の

（4） https://www.mext.go.jp/a_menu/shotou/gakuryoku/reference.htm

全国学力テストは、テストでどのような能力を測るのかという肝心の点すら曖昧なのです。これでは「政策のためのテスト」としては、ほとんど使いようがありません。

おまけに、現行の全国学力テストは「政策のためのテスト」にとって重要な、子どもたちのSES情報をほとんど取得していません。そのため、ある学校(あるいは自治体)の平均正答率が高かったとしても、それが指導や政策の効果なのか、それとも保護者の学歴や年収といった社会的な要因によるものなのか区別することができないのです。これでは学力テストから得られた情報を教育政策に活かすことは容易ではありません。

さらに厄介なことに、現行の全国学力テストの悉皆実施という実施方法は、現状を正しく認識することよりも現状を歪めたほうが得になるというインセンティブを関係者に発生させます。第1章でも述べたように、現行の全国学力テストでは、各学校・自治体の平均正答率を容易に計算できる設計になっています。この状況では、平均正答率の低い自治体・学校に、無理をしてでも正答率を向上させようという圧力が働きます。せっかく全国各地の学力実態がわかっても、その一部が不正によって操作された点数になっているとしたら、政策を決定する根拠として利用することができません。

もし現行の全国学力テストを正しく利用するとすれば、それが「指導のためのテスト」の性質を持つということを理解し、正答率を計算することを止めなければなりません。肝心なことは、どの子どもがどの問題を間違えたかであり、その間違いを改善するために、どのような指導をするかです。仮に正答率を計算するにしても、第3章で確認したように、全国学力テストの学校ごとの平均正答率には、学校の就学援助率が強く影響しています。基本的に、成績の高い学校とはＳＥＳの高い学校ですし、成績の低い学校とはＳＥＳの低い学校なのです。正答率だけを見て、学校や教員の力量を判断するのは誤った行動だと言わざるを得ないでしょう。

もっとも現実には正答率競争をやめることは難しいでしょう。現行の全国学力テストは悉皆実施であるがゆえに、学校や自治体の正答率が容易に計算できてしまいます。そして正答率が示されれば、そこに（無理矢理にでも）何らかの意味を読み取ってしまうのが、私たち人間の性です。[5] 正答率に意味はないと感じている人たちも「正答率を上げろ！」という声を無視することは難しく、いずれ正答率競争に参入せざるを得なくなるでしょう。

残念ながら、現行の全国学力テストの正答率競争は、１９５０年代から６０年代に行われていた全国学力テストと同じく、ひどく歪んだものになるしかありません。これは正答率競争をする人たちが、最終的に何を目指すことになるのか考えればすぐにわかります。「指導のためのテスト」で都道府県別の正答率を計算すれば、必ず正答率が高い自治体と、低い自治体が生じます。[6]「指導のためのテスト」で受験者全員の正答率が等しくなるのは、おそらく全員が満点を取ったときだけです。[7] 教室の中で行うテストであれば、「全員満点！」はスローガンとしては許される

（5）「〇〇県の高学力の秘密！」とかいうやつです。
（6）自治体を学校に読み替えてもかまいません。
（7）論理的には、全員０点や、それ以外で全員がまったく同じ点数ということもありえますが、それよりは全員満点のほうが可能性は高いでしょう。

でしょう。しかし現在、その目標が教室ではなく、自治体(あるいは学校)レベルで唱えられ、自治体によっては教員の勤務評価と連動させようとしているのですから、これは明らかに歪んでいます。この状況で、学校の先生が子どもに答えをこっそり教えたり、満点を取れない子どもを休ませたり、あるいはうっかりミスも起こらないようにテスト対策の事前指導をしたりしたとしても、何の不思議もありません。

おまけに、繰り返しになりますが、現行の全国学力テストは、それがどのような能力を測っているかも曖昧です。これでは、どのように指導すれば良いのか、学校や教育委員会も混乱するでしょう。必死に学習指導要領を読み込んだり、過去の全国学力テストの復習をしたり、あるいは文科省がこれから求めるであろう能力を予測したりしてテストに備えるしかありません。

その意味では、現行の全国学力テストが本当に求めているのは、文科省の考えを忖度し行動する力なのかもしれません。「自ら学び自ら考える力」が重要だと言われる現代社会(8)において、実際には文科省の考えを忖度する力が求められるテストが行われているというのも、何とも皮肉な状況ではあります。

ここまで「指導のためのテスト」と「政策のためのテスト」という観点から、現行の全国学力テストの問題点をまとめてきました。「指導のためのテスト」と「政策のためのテスト」という相互に矛盾する特性を持つテストを、一つのテストの中で同時に達成しようとした結果、いずれの目的も果たせなくなってしまったというのが、全国学力テストの根本的な問題だと言えるでしょう。

4 「実態を把握する」という発想がない日本の教育

それにしても、なぜこのようなテストが実施され、しかも10年を超えて維持されてしまったのでしょうか。

おそらくもっとも大きな要因は、日本の教育行政に「実態を把握する」という発想が欠けているという点にあります。すでに少なくない数の教育研究者に指摘されていますが、日本の教育政策は一部の関係者の「思いつき」で決定され、実行に移されることが少なくありません(広田・伊藤2010、布村2013、松岡2019)。まず現在の実態を把握し、それに見合った政策を考えるという発想がないのです。

実は日本には、自国の子どもたちの学力の変化を把握できる自前の学力調査が存在していません。日本の子どもたちの学力は、この20年で向上したのか、それとも低下したのか、あるいはそれほど変わっていないのか。こうした基本的な情報すらわからないのです。

自国の学力の変化がわからないというのは、教育政策を考える上で非常に大きなデメリットです。たとえば現在、小学校でのプログラミング学習、ＩＣＴ機器の導入といった大きな改革が行

(8) 「中央教育審議会　初等中等教育分科会　教育課程部会審議経過報告」 https://www.mext.go.jp/b_menu/shingi/chukyo/chukyo0/toushin/attach/1346330.htm

われようとしています。しかし、改革の前後で学力の変化がわからなければ、こうした取り組みが成果をあげたのかどうか判断することができません。これを医療にたとえるなら、医者が検査もせずに問診だけで手術をしているような状態です。ふつう大きな改革(手術)をするのであれば、その前にレントゲン撮影をしたり、血液検査をしたりして、患者の状況をよく調べるでしょう。手術の後も同じような検査をして、その結果を確認するはずです。ところが教育に関しては、ろくに確認もせずに手術が行われ、術後の検査も行われていないのです。これで日本の教育が良くなったら、それこそ奇跡と呼ぶべきでしょう。

ちなみに、２０００年頃からの日本の学力の変化が、まったくわからないというわけではありません。日本は、ＰＩＳＡやＴＩＭＳＳ[9]といった国際的な学力調査に参加しています。そのため、こうした国際的な学力調査の結果を参考にすれば、日本の学力の変化はある程度わかります。ただ、国際的な学力調査は国際比較のために実施されているので、日本の細かな実態がわかるわけではありませんし、その調査設計は時々の国際的な議論の影響を受けた変更が加えられています。そのため、国際的な学力調査で成績が上昇／下降したとしても、それが日本の子どもたちの学力が向上したためなのか、それとも調査設計の変更のためなのか判断することが難しいのです。何より、自国の学力実態が国際調査を使わないとわからないということ自体、日本の教育行政が「実態を把握する」ことを軽視してきた証左でもあります。

なぜ「実態を把握する」ことは、日本の教育行政で軽く見られているのでしょうか。ここには大きく二つの理由があります。一つは、そもそも「実態を把握する」利点がないということです。

日本の教育行政(教育に限らず行政全般ですが)には、「無謬性《むびゅう》の原則(間違ったと言ってはいけない)」があります。これは、教育行政が実施するあらゆる政策・施策は適切であり、効果がなかった/失敗だったと言ってはいけないという考え方です。おそらくここには、官僚(に限らず公務員)の世界が減点主義であることが関連しているようです(鈴木2018)。適切な調査を実施していると、過去に自分たちが行った政策に効果がなかった(あるいはマイナスの影響があった)ことがわかってしまうかもしれません。そうなると、自分たちの評価が決定的なダメージを負う可能性があります。これを避けるため、日本の教育行政では「実態を把握する」ことよりも、できるだけ「効果があった」ように見せかけることが重要になるのです。何より全国学力テストの場合、調査を実施するのも教育政策を実施するのも、いずれも文科省です。適切な調査を実施してしまうと、ときに自分たちの組織が実施してきた政策を否定することにつながりかねませんから、適切な調査を実施しないほうが組織として好ましいという判断がくだされてしまいます。

もう一つは、多くの教育行政に関わる職員が、数年単位で部署を異動することがふつうだという点です。これは日本の雇用形態では一般的なもので、特定の職務だけをこなすことが求められるジョブ型の雇用形態に対して、組織のメンバーとして組織内のあらゆる仕事を行うことが求められるという意味で、メンバーシップ型と呼ばれます(濱口2009)。こうしたメンバーシップ型の雇用形態を基本とすることは、組織全体のことを知るジェネラリストを育てる上では都合の

(9) TIMSSについては、国立教育政策研究所編(2017)を参照してください。

よいものです。一方で、数年で職務が変わるため、高度に専門的な技術が必要になるスペシャリストを育てることは難しくなります。全国学力テストの場合、こうしたメンバーシップ型の雇用形態の欠点が前面に出てしまっています。第3章で述べたように、大規模な学力調査の設計には専門的な知識が必要です。しかしメンバーシップ型の組織では、こうした高度な知識を持った人材を育てることができませんし、仮に外部から雇用したとしても、組織の中に適切に位置づけることもできません。勢い、適切ではない調査が設計・実施される可能性が高まるのです。

数年で異動が求められる日本的な働き方は、学力テストのデータを長期的に蓄積するという作業とも相性がよくありません。ここに間違いを認めることが容易ではない組織の文化が加わると、正確なデータを蓄積していくことよりも、その時々の政策課題に応じて「効果があった」ように見せかけたほうが都合が良いということになります。現行の全国学力テストはその典型例であり、日本の学力実態の変化を淡々と追跡するのではなく、その時々の状況(政権交代や学習指導要領の変更)に併せて調査設計が変更されています。

実態を把握する観点が弱いのは、文科省だけではありません。地方の教育行政や学校の側も、こうした視点に欠ける傾向があります。とくに私が気になるのが、あまりにも「役に立つ」ことを求めすぎるという点です。つい先日も、全国学力テストの補完調査である抽出の経年変化分析調査・保護者に対する調査に関わっていて、気になることがありました。調査対象に選ばれた学校を所管する教育委員会から、「私たちの役に立たないテストには参加しない」という理由で、調査への協力を拒否されたケースがあったというのです。実は私自身、日本の学校を対象にさまざまな調査を実施する中で、こうした「私たちの役に立たないから協力しない」という回答を公立の学校関係者から受けたことが何度もあります。

何が悪いのかと疑問に思う方もいるかもしれません。しかし、これは公教育に関わる者の回答としては明らかに間違っています。断っておきますが、「忙しいので協力できない」というのであれば構いません。また、単に「調査に協力しない」と答えるのも被調査者の自由です。しかし、「私たちの役に立たないから協力しない」という回答者は、調査という営みについて誤解しています。調査というのは、一人一人の個人や個々の組織にとって直接に役立つという理由で実施しているわけではなく、より広い社会や集団の状況を知り、より良い意思決定や理解をするために実施するものです(轟・杉野2017)。個々の参加者の直接の利益のために実施しているものではありません(中澤2016)。社会調査について詳しくない一般の人の回答ならともかく、公教育に関わる者が自分たちの利益にならないから参加しないというのは、ひどく独善的な態度であるように思えます。

もちろんここには、日本の教員養成課程において、社会調査が適切に教えられてこなかったという事情が関連しています。日本の教員養成課程では、学校での指導に直接関連しない知識を学ぶ機会が限られています[10]。社会調査の意義について知らなければ、悪気なく「私たちの役に立たない調査には参加しない」と言えるでしょう。しかしこのように考える人が増えれば増えるほど、

(10) この傾向は、近年とくに顕著になっています(日本教師教育学会編2017)。

直接自分たちの役に立つわけではないけれども適切に実施される大規模な学力調査よりも、直接に役に立つ「指導のためのテスト」である現行の全国学力テストが選ばれることになります。

その意味では、現行の全国学力テストを維持している要因の一つには、教育関係者の社会調査に対する無知があると言えるのかもしれません。さまざまな教育問題が山積していると言われる教育現場において、「即戦力！」を求める気持ちはわからないではありません。しかし同時に、「即戦力」を求める気持ちが教員養成課程で学ぶことのできる知識を限定し、現行の全国学力テストを維持するのみならず、それを改善しようという試みを潰す方向に働いていることも理解してほしいと思います。

5 「学力テストを作るのは簡単だ」という思い込み

先ほど確認したように、全国学力テストが失敗した理由として、教育行政に「実態を把握する」という発想がないという点は無視できません。ただ、現行の全国学力テストの失敗の責任を、日本の教育行政の仕組みだけに押し付けるわけにはいきません。全国学力テストが失敗したもう一つの理由は、教育に関わる多くの人が「学力テストの設計は簡単だ」と思いこんできたからなのです。

第2章で説明してきたように、全国学力テストの背後には、学校や子どもを競争させることで学力を向上させようという競争主義、学力テストによる公教育の質保証、一人一人の子どもの学びへのフィードバックといった思想的理由があったと考えられます。それぞれの主張には一理あるように思えます。しかしよくよく考えると、いずれの主張も、どのような学力テストを実施すれば目的が達成できるのかという具体策に、あまりにも無頓着だということが見えてきます。

たとえば競争主義について考えてみましょう。現在でも全国的な学力テストの悉皆実施を主張する一部の政治家や市民、あるいは報道関係者の中には、学力テストの結果を利用して、子どもたちの学力や教員の力量を向上させようという人が少なくありません。しかしこうした人々は、競争をすることで教員の力量や子どもたちの学力が向上したのかどうか、どうやって判定するつもりなのでしょうか。確かに子どもたちに競争を促せば、学力が向上するのかもしれません。しかしすでに指摘したように、日本には子どもたちの学力の変化を測定できるテストがありませんから、競争の結果として子どもたちの学力が向上しているのかどうか、私たちには知る術がありません。

私の観測した範囲では、全国学力テストによる競争を望む人たちはしばしば「民間では＊＊＊なのに、学校では＊＊＊だ！　甘い！」と言っていることが多いような気がします。そこで全国学力テストによる競争を会社の経営にたとえてみると、毎年の会社の売上も知らない上司が、無闇に社員に発破をかけるようなものだと言うことができるでしょう。こういうことをする上司は、ふつうは「無能」と呼ばれます。

加えて諸外国の教育研究は、学力テストの結果をもとに競争を促す政策が思わぬ結果を招く可能性があることを示唆しています(Gillborn & Youdell 1999)。学力テストの評価をもとに「不可」

の子どもを減らすように教員に圧力をかける政策が実施されることがありますが、その結果、教員は「不可」か「可」の境界ギリギリにいる子どもの指導に注力するようになることが報告されています。ほんらい学力テストは、すべての子どもたちの学びの質を向上させるために実施されるはずなのですが、よほどうまく設計しないと、意図しない結果につながることをこの報告は示しています。

これは、学力テストによる教育の質保証という考え方についても同様です。確かに、私たちは教えるのが上手い先生／下手な先生がいることを経験的に知っています。学力テストを使えば、優れた先生や頑張っている先生を見つけることができる気がします。この発想自体が完全に間違っているというわけではありません。ただ、目に見えない子どもたちの能力を数値化するという作業は容易なことではありません。測定するべき能力を定め、それを測定しうる質問項目を複数用意し、さらにその精度を検討していくという作業は、相当に時間のかかる試みです。加えてテストの点数には、学校や教員の影響だけでなく、本人の資質やSESといった要因も強く影響しているため、これらの影響を分離して評価しなければなりません。先ほどと同じく会社の経営にたとえると、現行の全国学力テストによる教員評価は、人通りの多いオフィス街に立地する売店の売上と寂れた田舎に立地する売店の売上を何の補正もせずに比べ、その結果をもとに社員を評価するようなものです(11)。現実にこうした評価を実施する上司がいたら、やはり「無能」と呼ばれるでしょう。

学力テストによって学校・教員の質を把握するという試みについては、アメリカ等を中心に相当な研究の蓄積があります(赤林2018)。こうした研究では、少なくとも複数時点の学力テストの成績と、個々の子どものSES情報を取得することが一般的になっていますが、それでもなお、学力テストによる教員の評価が可能かどうかについては論争があります。SES情報すら取得せず、学力テストの結果だけをもとに学校・教員を評価する試みは、あまりにも慎重さに欠けていると言わざるを得ません。

すべての子どもの学びへのフィードバックという発想も、確かに題目としては素晴らしいものです。しかし、ここでは「指導のためのテスト」と「政策のためのテスト」の両立が困難ということがまったく考慮されていません。すでに述べたように、両者を同時に達成しようとした結果、現行の全国学力テストは、いずれの面においても中途半端なテストになってしまいました。「指導のためのテスト」という観点を強調する方の中には、せっかくの全国学力テストなのだから、子どもたちの役に立つものになってほしいと純粋に願っている方もいると思います。その思いはわからないでもありませんが、そうした方は、ぜひ本書の第3章を読み直し、学力テストの設計が難しいということを学んでほしいと思います。

断っておきますが、「指導のためのテスト」と「政策のためのテスト」を両立することがまったく不可能というわけではありません。近年のテスト研究では、テストの実施形態が紙と鉛筆を

(11) ちなみに、会社の経営であれば後者の出店を取りやめることもできるかもしれませんが、すべての子どもを対象とする公教育ではそれはできません。

中心とした評価(Paper-Based Assessment：PBA)から、コンピュータを利用した評価(CBA)へ移行する中で、両者を統合する試みが行われるようになっています。コンピュータで実施するテストであれば、受験者の能力に応じて出題するテスト項目を変更し、より正確に個人の能力を測定できます。さらにコンピュータによる自動採点が実現されれば、受験した直後に個人に結果を返却することも可能です(光永2017)。もっともこの場合でも、テスト結果を学校や教員の勤務評価に利用するとなれば、不正を行う人たちが出てくる可能性はありますから、テストが学校評価・教員評価につながらないように留意する必要があります。

ここまで見てきたように、学力テストを設計することは容易な作業ではありません。ですから一般の人はともかく、教育に関わろうと考える人々は、テストに関する最低限の知識を学んでおいたほうが良いと言えるでしょう。

残念なことに日本の教員養成課程の教育は、子どもたちをどう指導するか、あるいは学校をどう経営するかといった実践的な内容を教えることに注力し、学力テストをどう設計するかといったマクロな話を教えてきませんでした。この状況は、現在もほとんど変わっていません。それどころか、教育問題の深刻化や教員の若返りを背景に、教員養成に「即戦力」を求める声が高まる中で、子どもたちの指導に直接関わらない知識を学ぶ機会がさらに限られているというのが現実です。「指導のためのテスト」について学ぶことはあるのですが、「政策のためのテスト」について学ぶ機会はほとんど用意されていません。

私は仕事柄、学校の先生や教育行政の関係者とテストについて話す機会も少なくありませんが、多くの人は現行の全国学力テストがどこかおかしいことには気づきつつも、何がおかしいのか、どのように改善すれば良いのかということはわからないまま、学力テストに参加しています。中には、「指導のためのテスト」という視点を強調するあまり、全国学力テストの問題点から目を背け、「平均点が低いのは指導が悪いからだ！」と「結果を出せない」同僚を責め立てる人たちすら現れる始末です。

その意味では、現行の全国学力テストが維持されてきた大きな要因は、そもそも「実態を把握する」ということを大事にせず、学力テストを設計することが難しいということすら知らない日本の教育関係者たちの姿勢にあると言えるでしょう。ほとんどの人が、なぜ学力テストが必要なのか考えていないし、学力テストで能力を測定することの難しさについて知らないのです。

現在、全国学力テストの見直しが進んでいます。しかしその見直しも、「教員の多忙が社会問題になっているから、多忙の要因の一つである学力テストも見直そう」といったレベルで議論していることも少なくなく、これまでの全国学力テストの何が問題だったのかという本質的な論点に踏み込めてはいないようです。

何のために全国的な学力調査が必要なのか。また、その目的のためには、どのような設計が求められるのか。私たちが全国学力テストを本気で見直したいのであれば、こうした基本的な問いに向き合わなければならないはずです。

第5章　全国学力調査を再建するために

第4章で見てきたように、現行の全国学力テストは、ほんらい両立の難しい「指導のためのテスト」と「政策のためのテスト」を、一つのテストの中で同時に達成しようとした結果、いずれの目的も果たせない中途半端なものになってしまいました。この失敗の背後には「実態把握の軽視」と「学力テストの設計は簡単だという思い込み」があったと考えられます。それでは、全国学力テストを変えるためにはどうすればよいのでしょうか。本章では、「今すぐにできること」そして「中長期的にしなければならないこと」について考えます。

1　今すぐにできること——既存のデータを活用しよう

繰り返しますが、現行の全国学力テストは「指導のためのテスト」としても「政策のためのテスト」としても中途半端です。「指導のためのテスト」として利用するにはフィードバックが遅すぎますし、「政策のためのテスト」として利用するにはテストの精度が低くSES等の背景情報も得られません。このままでは、実践にも政策にも活かすことができません。

そこで当面の対応として、私が提案したいのは、全国学力テスト以外の既存のデータを利用することで、このテストの欠点を少しでも補おうというものです。図5-1を見てください。この図は、西日本のある自治体の2018年度の全国学力テストのデータを利用して、私が作成したものです。縦軸はその自治体にある各学校の小学6年生の算数の平均正答率で、横軸は各学校の校区内居住者に占める大卒率になっています。

先ほど第3章の図3-3で、学校ごとの就学援助率と中学1年生の国語の正答率の関連をお見せしました。ただ、日本の学校では一般に保護者に学歴や年収を尋ねることはしませんし、一人一人の子どもが就学援助を受けているかどうかという情報が整理されていることも稀なので、子どもたちの学力とSES情報を同時に知ることは困難です。

しかし校区の大卒率であれば、公開されている情報から計算できることが少なくありません。まず、学校の校区にどの地域が含まれているかという校区情報は、多くの自治体で公開されています。そして、どの地域に大卒の人が何人住んでいるかという情報も、国勢調査を見ればわかるのです。この両者を組み合わせれば、各学校の校区の大卒率がおよそわかります。こうして計算した校区の大卒率は、大都市部においては、その学校の保護者のSESとかなり強い相関があることがわかっています(土屋2017)。そのため、校区の大卒率の情報をもとに、各学校のおよそのSESを知ることができるのです。

図5-1を見てわかることは、図3-3と同じように、校区の大卒率が高い小学校ほど、明らかに算数の正答率が高い傾向があるということです。図中の破線は、校区の大卒率と各学校の平均正答率のおよその関連を示した回帰直線で、校区の大卒率が10ポイント上昇すると、正答率が約7ポイント上昇する傾向があることを示しています。図中の円の大きさは各学校に在籍する6年生の人数を示しており、人数が多いほど円が大きくなります。回帰直線から大きく外れた位置にある学校(大卒率から想定される正答率より大幅に高い／低い正答率の学校)が存在しないわけではありませんが、一般にそれは円の小さい小規模校に限られます。

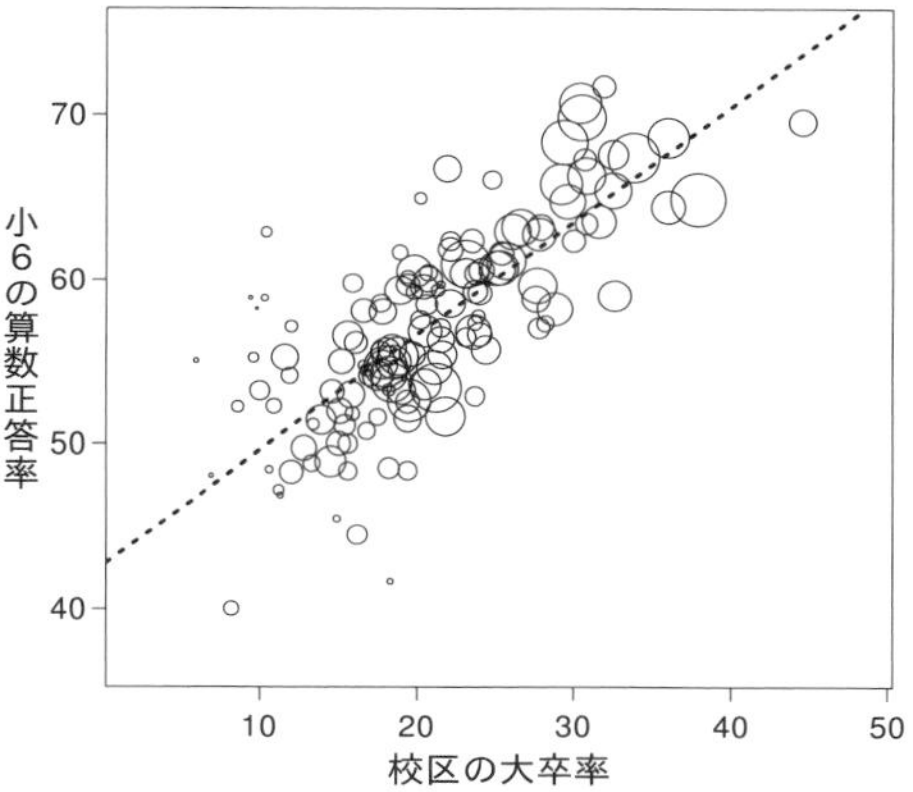

図5-1　算数の正答率×校区の大卒率

第3章でも説明したように、学校の平均正答率は教員の努力だけでは決まりません。むしろこの図が示しているように、校区の大卒率という学校や教員にはどうしようもない社会的要因のほうが、学校の正答率との関連は強いのです。この自治体の場合、もっとも大卒率の高い右上の学校ともっとも低い左下の学校では、およそ40ポイントの差がありますから、大卒率という要因だけで4×7=約28ポイントの差がついていることになります。この差を無視して、すべての学校を正答率だけで比較するのは公平とは言えません。全国学力テストの学校別の正答率を比べるのであれば、せめてこうした学校の努力ではどうにもならない要素があるということを前提に行うべきです。

先ほど述べたように、国勢調査による大卒率の計算は、公開されているデータを利用したものですから、誰でも行うことができます。一方でこの分析に利用できる国勢調査の小地域集計は10年に1度しか行われていませんので、学区内に大型マンションが建設されるといった大きな変化が起こった場合は、数値が実態と乖離してしまうという欠点があります。そのような場合は、データの入手は難しいのですが、図3-3のように就学援助率の情報を使うほうがよいでしょう。

利用できる既存のデータは、SESの情報だけではありません。現在、全国学力テスト以外に独自の学力テストを実施している自治体は少なくありません。こうしたテストのデータを利用すれば、個人の成績の変化を追いかけることができます。

図5-2は、ある自治体の子どもたちが受けた学力テストの成績を小学4年生から中学3年生まで個人ごとに接続し、統計的な手法を使って、その変化の軌跡を分析したものです(川口ほか2019)。小学4年生から中学3年生までの5年間の成績の変化ですから、努力することで大幅に成績を向上させる子どもや、逆に勉強を諦めて成績が下降する子どもがいるに違いないと思った方もいるでしょう。しかし分析の結果わかったことは、5年間の成績の変化の軌跡はA群からD群までの4パターンしか存在せず、図5-2のように小学4年生の成績の高低が中学3年生までずっと続いているということでした。さらに、私たちの分析では、小学4年生から中学3年生まで成績の高いA群には就学援助を受けている子どもが9%しかいなかったのに対して、小学4

年生から中学3年生まで成績の低いD群には就学援助を受けている子どもが50％近く存在していることもわかりました。この分析が示すことは、すでに小学4年生の時点で家庭環境に由来する成績の差、いわゆる学力の格差がほとんど完成してしまっているという事実です。現行の全国学力テストは小学6年生と中学3年生を対象にしていますが、子どもたちの学力格差を縮小することを考えるのであれば、もっと早い段階に焦点を当てる必要があると言えるでしょう。

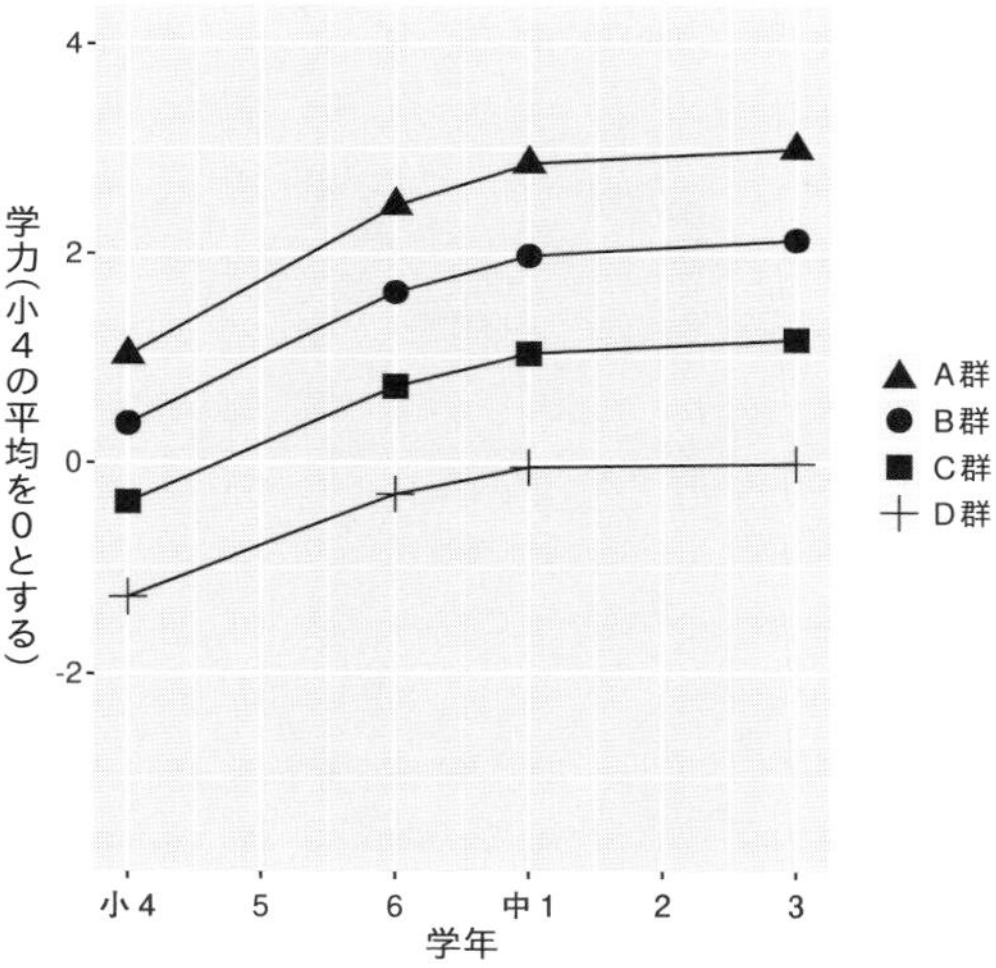

図5-2　小学4年生から中学3年生までの成績変化

ここまでの分析は、現実を把握し、その対応を考える際のヒントにするという意味で、「政策のためのテスト」として活かすという側面が強いものでしたが、既存のデータと接続するという発想は「指導のためのテスト」としても活かすことができます。図5-3から図5-6までのグラフを見てください。これらの図は、先ほど図5-1で紹介した自治体のデータをもとに、四つの小学校（成績の非常に高いA小、比較的成績の高いB小、成績の低いC小とD小）の成績分布を示したものです。ここでは横軸に小学4年生のときの自治体独自のテストの算数の正答率を、縦軸に小学6年

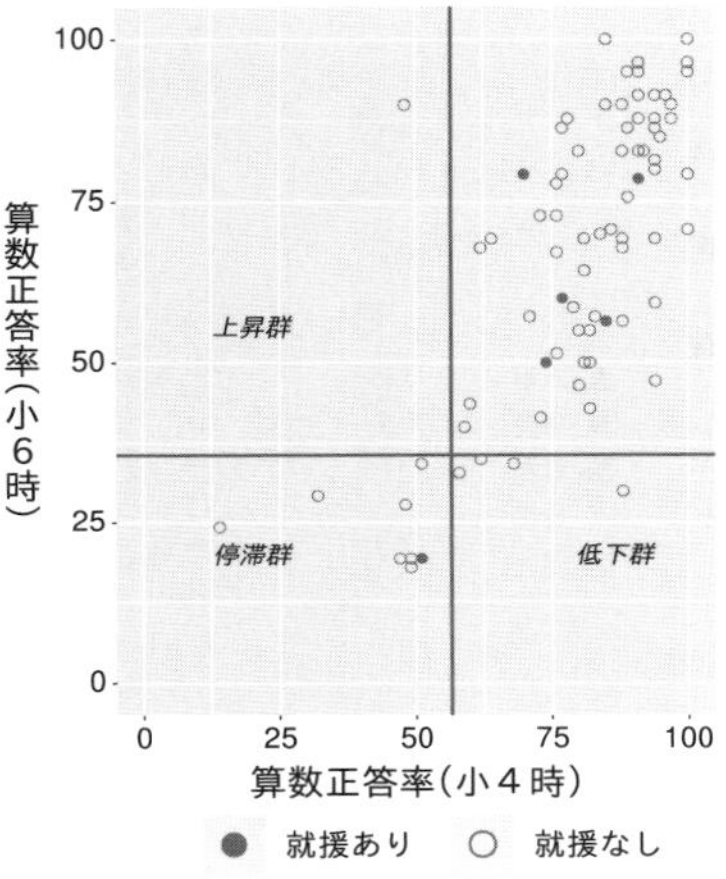

図 5-3　A 小(成績極高)

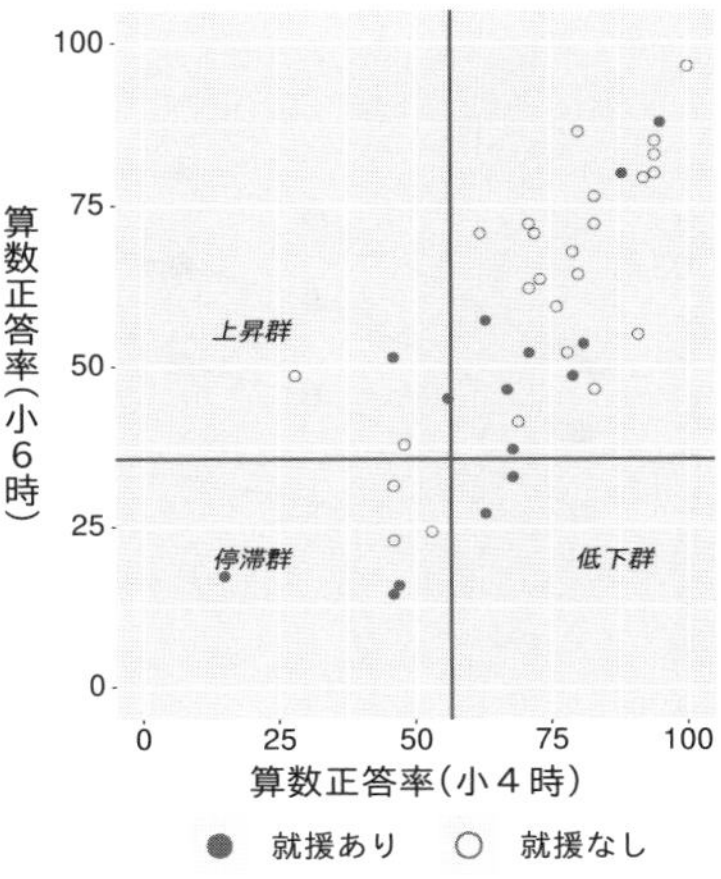

図 5-4　B 小(成績高)

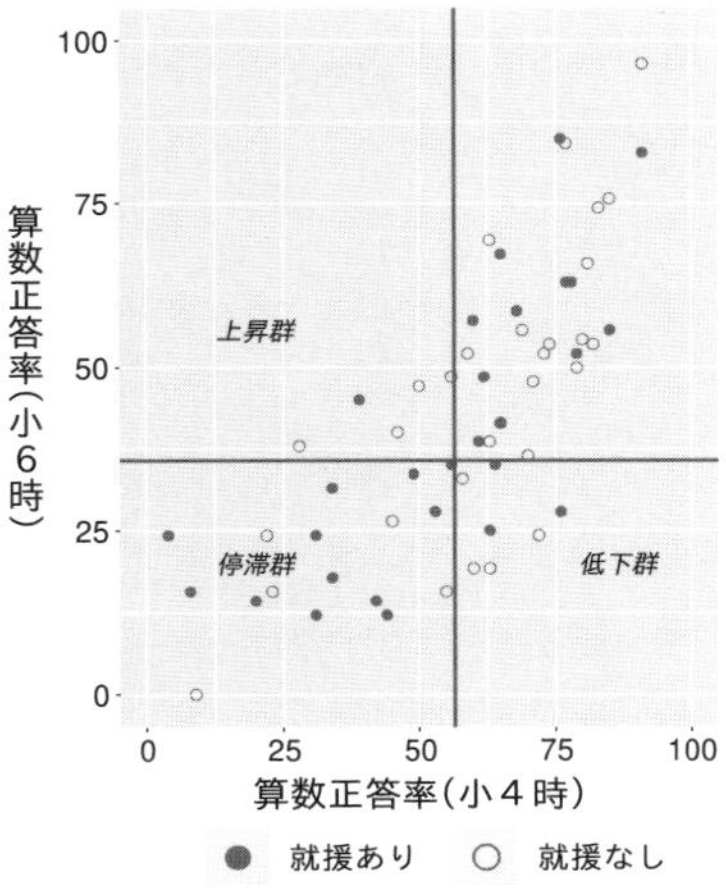

図 5-5　C 小(成績低)

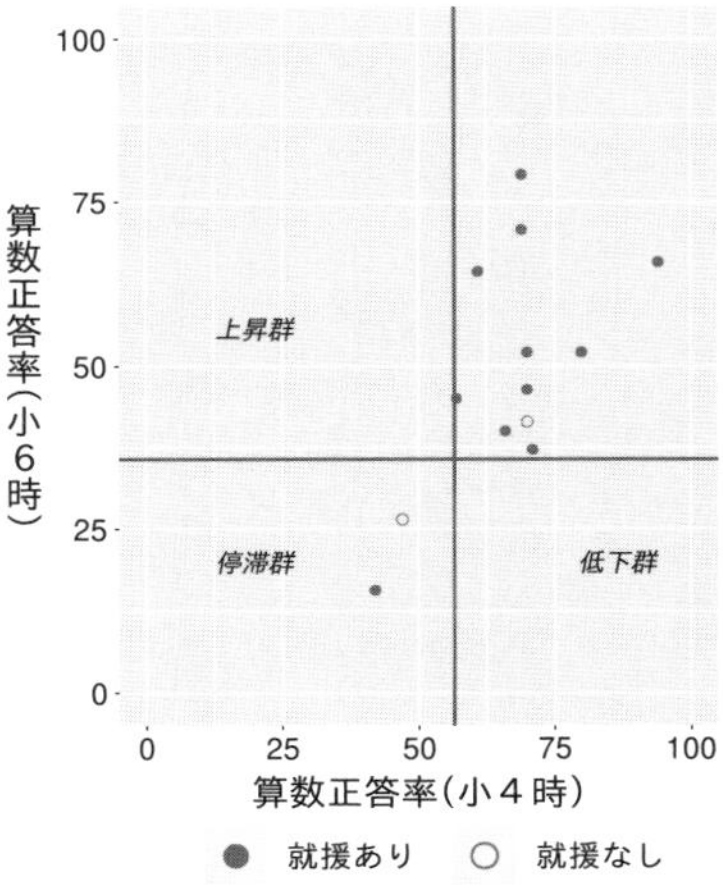

図 5-6　D 小(成績低)

生のときの全国学力テストの算数の正答率を取っています。図中の点は一人一人の成績を示し、就学援助を受けている児童を●で、受けていない児童を○で示しています。また、図中の縦横の線分は偏差値換算で40のところに引いたもので、散布図を四つの象限に分割するものになっています。注目が必要なのは散布図の左下で、ここに該当するのは小学4年生のときも6年生のときも偏差値が40以下の児童です。いずれの学年でも成績が振るわない状況なので「停滞群」と名付けています。同様に、散布図の右下は小学4年生のときは偏差値40以上ですが小学6年生で40以下になった「低下群」、左上は小学4年生のときは偏差値40以下ですが小学6年生で40以上になった「上昇群」と言えるでしょう。

このような図を描くと、平均正答率で見ていたときはわからなかった個々の小学校の課題が見えてきます。たとえば図5-3のA小は、全国学力テストの成績が毎年高いことで有名な学校です。実際、ほとんどの子どもが散布図の右上に所属しています。一方A小で気になるのは、左下の「停滞群」にも10人近い児童が該当しているという点です。また、右下の「低下群」に該当する児童もいますから、単純に平均正答率が高いからと言って、A小の学力実態に何の課題もないとは言えないでしょう。「停滞群」あるいは「低下群」の子どもたちをどうするのかという観点から授業を検討する余地はあると思います。

図5-4のB小も毎年全国学力テストで自治体の平均正答率を上回ることが多い学校ですが、実際にはこの学校は深刻な課題を有しています。なぜなら、成績の高い児童は多いものの、就学援助を受けている●の児童が就学援助を受けていない○の児童よりも全体的に成績が低い傾向が

あることが読み取れる分布になっているからです。左下の「停滞群」や右下の「低下群」にも●の児童が多いので、B小は就学援助を受けている児童が算数の授業についていけていない傾向がある学校と言えるでしょう。教育格差に関する研究では、教員は相対的に恵まれた家庭の出身であることが多いため、こうした就学援助を受けているような家庭の子どものことが想像できず、うまく指導できない傾向があることが指摘されています(西田2012)。こうした研究を踏まえるなら、B小の教員は格差を縮小するのではなくむしろ拡大するような指導をしていたのかもしれません。B小のような成績分布になってしまった学校は、自分たちの指導の在り方について見直してみる必要があると言えるでしょう。

A小やB小と違い、図5-5のC小や図5-6のD小は、全国学力テストの成績が毎年振るわない学校です。散布図を見てみると、どちらの学校もA小やB小に比べて明らかに●の割合が高いことがわかります。とくにD小はほとんどの子どもが●で、○の子どもは二人しかいません。またB小やC小の分布を見るとわかりますが、一般に就学援助を受けている●の子どもは、そうでない○の子どもより成績が低い傾向があります。そのため、●の子どもが多いC小やD小が平均正答率だけの勝負でA小・B小に及ばないのは、ある意味でやむを得ないと言えます。図5-1を見ても明らかでしたが、学校レベルのSESの影響はかなり強いので、学校・教員の努力でその差を覆すのは容易なことではないのです。

ただ、SESの影響が強いとは言え、学校や教員にできることが何もないと考えるのは早計です。ここでD小の成績の分布を見てください。確かにD小は●の児童が多く、全体的な成績は低い傾向にあります。しかしその一方でD小の児童は左下の「停滞群」に入る児童も二人しかいません。学校の実態が厳しい中で、偏差値40以上のスコアを大半の児童がキープしているという点は、特筆に値します。D小は家庭環境に恵まれない児童が多い中でも、大半の児童に最低限の学力を身につけさせている学校と言えるでしょう。確かに平均正答率は低いのですが、こうしたD小を作り上げてきた教員の努力は評価されるべきだと思います。

ここまでに紹介した分析のうち、図5-1や図5-3といった散布図は、データさえ入手できればExcel等のソフトウェアを使って、ものの数分で描くことができます。残念なことに、ほとんどの学校や自治体では過去の学力テストのデータや、個々の子どもが就学援助を受けているかどうかといったデータを死蔵してしまっており、相互につなげて有効活用することができていません。手元にあるデータを活かすことができれば、思いもよらない気づきを得られるかもしれません。ぜひ既存のデータの有効活用を進めてほしいと思います。

2　何のために全国学力調査が必要なのか

既存のデータを適切に利用できれば、現行の全国学力テストでも実践や政策に活かすことは可能です。ただ、こうした取り組みは対症療法に過ぎません。やはり根本的な問題解決のためには、教室で行う確認テストを全国規模でバラまく全国学力テストの設計を根本から見直し、大規模学力調査の科学を踏まえた全国学力調査にしなければなりません。

全国学力テストを変えるために、まず考えなければならないのは、何のために全国学力調査が必要なのか、その理由を確認するということです。どうしてもしなければならないという必然性が無いのであれば、少なくない時間と予算をかけてまで学力調査をする必要はありません。実際、学力調査など不要であると主張する教育関係者は決して少なくないのです(尾木２００９)。こうした人の意見を集約すると、そこには、そもそも学力テストで教育の成果を測ることはできないという、学力テストそれ自体に対する根本的な懐疑があるように思います。

このような主張が的外れというわけではありません。私たちが、学校で育ててほしいと期待する力の中には、学力テストで測定しやすいものと測定しにくいものが存在します。算数(数学)の学力や書かれていることを正確に読み取る読解能力などは測定しやすいのですが、美しい絵を描く能力や他者とのコミュニケーション能力といったものは、測定することが容易ではありません。現行の全国学力テストがそうであるように、全国的な学力調査を行えば、どうしても私たちの目は測りやすい能力ばかりに向くようになるでしょう。その意味では、学力テストで教育の成果を可視化しようと考えること自体が愚かなことであるとも言えます。

ただ私自身は、全国的な学力調査をまったく実施しないという選択肢は、現実的ではないだろうと考えます。第2章で少し触れましたが、現行の全国学力テストを擁護するロジックの一つに、公教育の質保証という観点があります。学校の価値に疑問を抱く人が増え、財政赤字が深刻な国家の課題と認識されるようになる中、本当に学校は税金を投入するに相応しい組織なのか、疑問に思う人が増えてきているのです。現行の全国学力テストを支える一つの要因は、こうした公教育への不信です。このような状況で、「学力テストで教育の成果は測れない」と主張したところで、多くの人の支持を得ることは難しいでしょう。ヘタをすると、大阪府の橋下元知事がそうだったように、「学校・教師は子どもを評価しているのに、自分たちが評価されるのは怖いのか」といった批判を招き、学校・教師を評価したい人々を勢いづかせる可能性もあります。

ですから私たちのすべきことは、なるべく悪影響が少なく、できることなら「役に立つ」学力調査を作っていくことです。ここまで見てきたように(あまり出来の良くない)現行の全国学力テストであっても、うまく活用すれば教育格差の実態を暴き、改善のために何ができるのか社会が考える契機にすることもできます。学力テストの限界を自覚しつつも、そこから読み取れることを最大限に活かし、学力テストを学力調査に変えていくリテラシーこそ、私たちに求められていると言えるでしょう。

ここで役立つのが、第3章で学んできた大規模学力調査の知見です。学力テストに関する社会科学の知見を学べば学ぶほど、私たちは、テストでわかること/わからないことを知ることができるようになります。現代の教育学では、避けるのが難しい大規模な学力テストの結果を「飼いならす」ことが求められている(松下2014)のですが、大規模学力調査の知見は、まさにこの学力テストを「飼いならす」ための力を私たちに与えてくれるでしょう。

ここで本節冒頭の問いに戻りましょう。私たちは、何のために全国的な学力調査を行えばよいのでしょうか。いろいろな意見があるでしょうが、私は「政策のためのテスト」を行うべきだと考えます。とくに、日本の学力実態の現状を把握することに焦点を当てるべきです。学校や子どもたちの競争を煽るために学力調査を実施しようだとか、学校評価・教員評価のために実施しようと言う人がいることは知っています。しかし、こうした目的は実態把握に比べれば、二の次・三の次にすべきものです。

競争や評価のために大規模な学力調査を実施した場合、どうしても評価される子どもや教員に調査結果を歪める不正を行う動機が発生し、正確な実態の把握は難しくなります。これは教育政策を考える上で好ましい状況とは言えません。教育ではわかりにくいかもしれませんが、医療にたとえると事態の深刻さがわかるかもしれません。たとえば新型コロナウイルスの感染拡大を防ぐために、毎朝家で検温を行い、体温37・5度を超えたら出社の自粛をお願いする(ただし自粛なので無給になります)という方針が政府から出されたらどうなるでしょうか。ほぼ間違いなく、体温計をきちんと脇に挟まず検温するといったズルを考える人が出てきて、実際には37・5度を超えていたのに超えていないと申告する人が増えるでしょう。これでは感染の実態が現実より過小評価されてしまいます。全国的な学力調査に競争や評価を持ち込む行為は、これと似たようなことをしているのです。

現行の全国学力テストがそうであるように、全国的な学力調査を「指導のためのテスト」として活用したいと言う人もいますが、私はこれもお勧めしません。「指導のためのテスト」は教員や各自治体でも作ることができます。しかし国にしか、日本全体の様子を知る「政策のためのテスト」は作ることができません。第4章で述べたように、「指導のためのテスト」と「政策のためのテスト」の両立が容易ではない以上、国が実施する全国的な学力調査は全国の実態把握を最優先とした「政策のためのテスト」であるべきなのです。各学校や自治体が自分たちの学力実態を知りたいというのであれば、それはかれらが自らの責任で学力テストを実施すればよいだけです。もともと各自治体の教育委員会は、自らの監督する学校の運営に責任を持っています。国が実施する学力調査に頼る必要はありませんし、また頼るべきでもありません。各学校も、自分たちが教える子どもの実態に合わせて、自分たちで「指導のためのテスト」を作ればよいのです。現行の全国学力テストのように、国がわざわざ「政策のためのテスト」の精度を下げてまで「指導のためのテスト」を作る必然性はどこにもありません。

仮に全国水準と比較したいのであれば、国が実施する「政策のためのテスト」の一部の設問を自分たちのテストに利用し、それとの正答率を比較すれば十分です。テスト内容が同じでないから比較できないと考える人もいるかもしれませんが、ＩＲＴを利用すれば、異なる設問から構成されるテストであっても、得点を比較することは可能です。現行の全国学力テストのように、すべての児童生徒が同じテストを受験する正当な理由はないのです。

第4章で触れたように、現在の日本には自国の学力実態を把握するための学力調査が存在していません。にもかかわらず、第2章で見てきたように、この数十年、日本は学力の低下(あるいは向上)を根拠とした教育改革を進めてきました。これはつまり、この間の教育改革は、実態に基づいて行われてきた訳ではなく、関係者の思い込みによって実施されてきたということです。もういい加減、このような状況は変えるべきです。全国学力テストを全国学力調査に変える試みは、その最初の一歩と言えるかもしれません。

3　理想的な全国学力調査はどのようなものなのか

それでは、私たちが目指す理想的な全国学力調査の姿は、どのようなものでしょうか。ここでは、私が考える最善の学力調査のイメージを説明しておきます。

(1)求められる要件

まず、どのような能力を測定するのが好ましいか考えてみましょう。大規模学力調査では、どのような能力を測定するのか明示しなくてはなりません。現行の全国学力テストは、国語や算数(数学)といった教科の枠組みで実施されていますが、各教科の内容は学習指導要領によって規定されているため、10年程度で変わってしまう可能性があります。測定する内容が10年ごとに変わってしまうのは、長期的な実態把握の観点からは好ましいものではありません。そのため全国学力調査で測定する学力は、教科の枠に囚われすぎず、書かれた文章を読む読解力や算数(数学)の計算能力とすることが好ましいでしょう(1)。

学力だけでなく、子どもたちの勉強時間やテレビを見ている時間、あるいは習い事といった生活習慣も調査しなければなりません。加えて本書でも繰り返し指摘したとおり、SESを始めとした社会経済的要因は、学力と強い関連があります。ですから、保護者の学歴や年収、あるいは日本語を母語としているかどうかといった情報を調べることも重要です。

他にも、子どもたちと関わる教員の情報も必要です。これまでの研究では、子どもたちの学力に、かれら自身の生まれ育った環境や、日々の生活が大きな影響を与えていることがわかっています。しかし、学校の教員が与える影響も無視できるほど小さなものではなさそうだ、ということも同時に明らかになっているのです(川口2010)。ですから、学力に関わるさまざまな情報を調べなければ、有効な学力向上政策を考えることはできないでしょう。

子どもや保護者、あるいは教員の情報を収集する場合、必ずしも質問紙調査をしなければならないというわけではありません。質問紙調査は手間や費用がかかりますし、すべての人が正しく答えてくれるともかぎりません。しかし、先ほど第1節で見てきたように、各学校・自治体には相当な量のデータが死蔵されています。就学援助率や保護者の納税状況は子どものSESを知る手がかりになりますし、教員採用試験の成績やその後の異動歴・研修歴などは教員の力量を知る手がかりとなるものです。

こうした情報は個人情報の保護という観点から、決められた目的外の利用が禁じられていることも少なくありませんが、あまりに個人情報の保護を重視しすぎると、貴重なデータを死蔵してしまうことになります。既存のデータを上手く活用することができれば、新たな調査を実施する

(1) 本書の範囲を超えますが、真剣に全国学力調査の在り方について考えると、「各教科が育てたい能力とは一体何なのか?」「それは測ることができるのか?」といった非常にやっかいな問題に突き当たります。たとえば中学校の国語の場合、物語文や説明文に加え、古文や漢文も扱うわけですが、これらすべてを通じて育てたい「国語の学力」とは一体どのようなものなのでしょうか?

ことなく、教育政策の手がかりを得ることができます。個人情報の保護と、有効な教育政策の立案という社会の利益のバランスを取っていくことが求められていると言えるでしょう。

ちなみに世界には、行政データを匿名化した上で教育政策や研究のための基礎資料として利用することを認めている国もあります。日本でも遅まきながら、こうした取り組みが行われるようになってきました（別所ほか2019）。理想的な全国学力調査は、こうした既存の行政データを柔軟に組み合わせられるものになっていることが望ましいと言えるでしょう。

理想的な全国学力調査は、現行の全国学力テストとは違い、抽出調査で実施されるべきです。その際、国立・公立・私立のすべての種別の小中学校が参加するようなものになったほうが好ましいと言えます。実は現行の全国学力テストは、私立中学校の参加率が高くありません。しかし私立中学校へ進学する子どもは全体の数％いますし、そのSESもかなり高い傾向にあります（松岡2019：182−184）から、かれらを欠いた現状の把握は好ましいとは言えません。どの程度の児童生徒を抽出すれば良いのかという点は論争になるでしょうが、私は全学校の2％程度を抽出すれば、とりあえずは十分だと考えています。理想的な全国学力調査では、学力調査のみならず、子どもの生活実態や保護者の状況、さらに教員の情報も集めなければなりません。これだけのデータを収集すると、それを整理するだけでもたいへんな手間がかかります。抽出率を上げれば、確かにデータの精度は高まりますが、同時に管理する手間や調査に必要な予算も飛躍的に増大します。さまざまな要素のバランスを考えると、2％程度が当面は限界でしょう。

第3章で触れたように、理想的な学力調査は一時点のみならず、複数の時点で個人の成績の変化を捉えたほうが良いと考えられます。ただ、こうした大規模な調査を毎年すべての学年に実施するのは不可能でしょうから、最初は、小学校低学年・高学年・中学校の卒業時点の3時点から始めると良いでしょう。多くの研究で、教育の格差は小学校入学前から始まっていることが知られています(松岡2019)。ですから、最低でも義務教育の開始時点である小学校の低学年と、終了段階である中学3年生では日本の子どもたちの実態を把握しておくべきです。さらに、こうした格差をどう改善するか考えるなら、スタートとゴールの実態に加え、その途中経過も把握するべきです。全国学力調査の実施学年を、たとえば小学1年生⇓小学5年生⇓中学3年生とすれば、ちょうど4年おきに同じ子どもが小学生から中学生になるまでの過程を追跡することができます。

(2)学力調査を支える人材・組織・社会

もちろん大規模な学力調査を運営するには、それに相応しい人的資源が必要です。教育測定や社会調査はもちろん、因果推論に関わる専門的知識を持った人材を、数百人規模で雇用しなければなりません[2]。現在、日本の教育現場には、こうした技術を持った人材がほとんどいませんが、それは、学ぶ機会が用意されていないという問題もさることながら、こうした知識を身につけた

(2) たとえば、PISAの運営に関わっているオーストラリアの教育政策研究所(Australian Council for Educational Research：ACER)の場合、400名を超えるスタッフを雇用しています。

としても雇ってくれる組織がほとんど無いからです。仕事にならないことがわかっているにもかかわらず、わざわざ大規模な学力調査について学ぶ人はそう多くないでしょう。このような状況を変えるためには、学力調査の専門家を雇用する組織が必要なのです。

さらにこの組織は、教育政策を司る部署とは別に独立して、調査の設計・運営を主目的として設定されるべきです。現行の全国学力テストのように、政策を実施する主体と調査を実施する主体が同じ文科省という状況では、組織自体に調査結果を歪める動機が発生してしまうからです。

もっとも、第4章で触れたように、現在の日本の教育行政は、学力調査を運営できる人材を必要としない構造になっていますから、このような組織を作ることは容易ではありません。淡々と教育の実態を把握するだけならまだしも、ときに過去の教育政策の問題点を容赦なく数字で指摘してくるスペシャリスト集団というのは、「減点主義」の世界で、数年単位の異動を繰り返すジェネラリストたちから見れば、悪夢のような存在です(鈴木2018)。しかし、こうした組織を持たないことが、これまでの日本の教育改革の迷走を招いてきたことを踏まえるなら、私たちは、そろそろ「今までのやり方」を変えることを考える時期に来ていると思います。

ここで重要なのは、ありきたりかもしれませんが、日本社会に住む私たち一人一人の意識です。「現状を正確に把握すること」が有益なことであり、「正確に現状を把握した結果、過去の政策が間違っていることがわかったとしても、それを責めてはならない」ということを、私たちは肝に銘じなければなりません。過去に実施した政策が間違っていたという理由だけで政権や行政を批判すれば、教育行政は失敗を恐れ、ますます現状を把握することではなく、データを歪めることに集中するようになるでしょう。

もちろん、あらかじめ間違っているとわかっている政策を実行するのは愚かなことですから、それは批判しなければなりません。しかし、「効果があるかどうかわからない政策を実施した結果、効果がないということがわかった」のであれば、それは、今後このような政策を実施する意味がないという知識を得ることができたわけですから、むしろ称賛するべきことなのです。

第4章で触れたような雇用慣行上の問題があるため、日本の教育行政では適切なデータを取得することよりも、現状を歪めるほうがよいというインセンティブが働きがちです。今すぐに雇用慣行を変えることは容易ではありませんから、そこは私たちが「現状を正確に把握することは有益なことである」「たとえ間違ったとしても減点しない」ということを何度でも言い続けるしかありません。

中でもとくに難しいのは、個人情報の扱いです。適切に学力調査を実施・分析するためには、保護者の学歴や年収といった子どもの家庭環境に関わる個人情報を収集せざるを得ません。残念ながら、「減点主義」の日本の教育行政には、あえてプライバシーの問題に踏み込んでまで、現状を改善しようという積極的な理由は働きません。むしろ多くの関係者が「減点」を恐れて議論しないことを選ぶでしょう。

ですから繰り返しになりますが、私たちの意識が重要なのです。個人情報の保護はもちろん必要ですが、同時に日本の学力実態の把握のためには、ある程度の個人情報の提供は(もちろん厳重に匿名化した上で)認められるし、むしろ積極的に行うべきだと考える人が増えないといけません。

そうでないと、結局現状は何も変わらないということになります。

(3) コンピュータを使った学力調査へ

第3章で見てきたPISAがそうであるように、近年の学力調査では、紙と鉛筆を中心とした評価(PBA)ではなく、コンピュータを利用した評価(CBA)が広がりつつあります。

日本でも、新型コロナウイルスの影響によって対面的な授業活動が難しくなったことも相まって、コンピュータを使ったテストへの期待が高まっています。ただ、コンピュータを使ったテストがどのようなものなのかはあまり理解されておらず、ひどい場合は、単に紙のテストの内容を、そっくりそのままコンピュータの画面に表示すれば良いくらいに考えている人もいるようです。当たり前ですが、コンピュータを使えばそれだけでテストが良くなるわけではなく、その利点と欠点を踏まえて利用する必要があります。

そこで、CBAの利点をいくつか挙げておきましょう。まず、測定という観点から見て重要なのは、受験者の能力に応じて出題する問題を変えることができるという点です。第3章でも触れましたが、紙のテストでは出題されている設問が簡単すぎる(あるいは難しすぎる)受験者が生じますし、一度に出題できる設問の数にもかぎりがあるので、どうしても測定精度に限界があります。一方、コンピュータを使ったテストであれば、受験者の能力に応じて出題する設問の難易度を上下させられますから、紙のテストよりも測定の精度が向上することが見込まれます。

コンピュータを使ったテストには、自動採点ができるという利点もあります。紙のテストでは、答案を回収した後に採点する時間が必要になります。コンピュータであれば、テスト終了直後に採点結果を表示することも可能です。正しい選択肢を選ぶ択一式の設問は当然ですが、近年では記述式の問題に対する自動採点の研究も進んでいるので、そのうち記述式の試験であっても、テスト終了直後に採点結果がわかるという時代が来るかもしれません。そうなれば、テストの結果を子どもたちの「指導に活かす」ことも可能になります。第4章では、「政策のためのテスト」と「指導のためのテスト」の両立は容易ではないという議論をしましたが、コンピュータを使ったテストが十分に発達したならば、この両者を統合することができるようになるかもしれません。

他にも、コンピュータを使えば、紙のテストでは参加することが難しかった、特別な支援を必要とする子どもたちがテストを受けることができるようになるかもしれません。コンピュータによる試験であれば、文字の大きさを変えることもできますし、設問を音声で読み上げることも可能です。

一方で、コンピュータを使った試験には、それ相応の課題(あるいは準備)が必要です。たとえば受験者の学力に応じて設問を変更するためには、事前にさまざまな難易度の設問が豊富に用意されている必要があります。現行の全国学力テストのように毎年設問を作って公開するという体制では、これは不可能です。今以上に設問作成に予算と人員を割かなければなりませんし、設問の質を確認するための予備調査をしなければなりません。何より、受験者の学力に応じて設問の難易度を変更するためには、IRTの発想が必要不可欠です。IRTの考え方は、日本の教育現場ではほとんど知られていませんから、コンピュータを導入する前に、「学力を測るとはどういうことなのか」ということから議論しなければならないでしょう。

そもそもコンピュータを使った試験を行うには、受験する子どもたち一人一人にコンピュータが必要になります。現在、ＧＩＧＡスクール構想(3)が提唱され、一人に一台のコンピュータが整備されることになっています。しかし、仮に整備されたとしても、コンピュータを使った試験には機器のトラブルが付きものです。しかし、インターネットを経由した試験をするのであれば、コンピュータが配備されているかどうかだけでなく、果たして数万人の受験者による接続に回線が耐えられるのかといったネットワークインフラの問題も発生します。日本の場合、義務教育におけるコンピュータの導入はまだ始まったばかりで、当面は、試験を実施する側も受験する側も手探りの状況です。現行の全国学力テストのように、すべての子どもがＣＢＡによる学力テストを受験するなどということは、到底現実的な選択肢とは言えないでしょう。まずはごく小数の学校で予備調査を行いながら、徐々に全国学力調査にも取り入れていくことが望まれます。

なお、コンピュータを使った学力調査をする場合は、教育測定や社会調査、あるいは因果推論の専門家に加え、コンピュータや通信技術などに精通したテクノロジーの専門家が必要になってきます。紙のテストを行うために必要な専門家たちですら雇う余裕のない日本で、さらにテクノロジーの専門家を雇わなければならないわけですから、ＣＢＡによる全国学力調査の実施はまったく容易ではありません。しかし、それをしなければ、いつまでも日本の学力調査は(そして学力研究も)、世界の水準に追いつくことさえできないでしょう。

ここまで、理想的な全国学力調査の姿について述べてきました。もちろんこれは私の「夢」に過ぎませんし、日本の現状を考えれば、実現のためのハードルは極めて高いと思います。ただ、このような学力調査を作らなければ、いつまで経っても日本は、自国の子どもたちの学力実態すらまともに把握できない「学力調査の後進国」という立場から抜け出せないことだけは覚えておいてほしいと思います。

２０２０年現在、全国学力テストの補完調査である、経年変化分析調査と保護者調査を同時に実施しようという試みが計画されています。[4] 仮にこの調査が実施できれば、国際学力調査であるＰＩＳＡやＴＩＭＳＳと同じく、日本の子どもたちの学力実態の変化を把握できる調査が、ようやく日本にも誕生することになります。この調査は、全国学力テストの本体調査とは異なり、第3章で解説してきた大規模学力調査の技術が利用された「政策のためのテスト」として設計されています。もちろん「無謬主義」を前提とする日本の教育行政が実施する調査ですから、理想的な全国学力調査とは距離がある部分も少なくないのですが、それでも現行の全国学力テストよりはマシな調査になりそうです。

私も一部関わっているのでよくわかりますが、このような取り組みは、現状を憂う関係者の熱意によってのみ支えられています。ただ残念なことに、調査対象となった教育委員会や学校の中

（３） https://www.mext.go.jp/a_menu/other/index_00001.htm
（４） 教育新聞「【全国学力・学習状況調査】来年度は４月16日実施」 https://www.kyobun.co.jp/news/20191122_06/

には、「私たちの役に立たない調査には協力したくない」という声があるようです。第4章でも指摘したように、こうした声は調査の本質を誤解しています。ぜひ、「学力調査は何のために行うのか」を考えた上で、調査に参加するかどうか決めてほしいと思います。また、現行の全国学力テストを問題だと考える人は、ぜひこうした前向きな取り組みを応援してほしいと思います。何も難しいことはありません。「このような学力調査が必要だ！」という声をまわりの人に伝えてくれるだけでもいいのです。SNSで発信してくれても構いません。そうした一人一人の声が、全国学力テストを全国学力調査に変える力になるのです。

4　実態把握を大事にする文化を育てよう

(1) 日本の教育の課題

結局のところ、全国学力テストを再建するためにもっとも重要なことは、教育政策において実態把握が重要であるという、ある意味で当たり前の感覚を皆が持つということなのかもしれません。日本の教育行政には、現状把握をしなければならないという発想があまりありませんが、これは関係者が悪意を持ってやっているというよりは、そもそも実態把握をする利点がないという組織の構造的な問題です。こうした構造こそ私たちは変えなければならないでしょう。

もっとも、これは容易なことではありません。教育行政が適切に現状を把握する利点を持たないのは、減点主義や数年単位で異動することが当然となっている雇用慣行の問題でもありますが、かれらを取り巻く政治家や市民が、実態把握を欠いた、いい加減な政策を批判せずに素通ししているからでもあります。中でも、マスメディアの責任は小さくありません。全国学力テストに関する報道を見ていて思うのですが、本書で見てきたような大規模な学力調査の知見をもとに、全国学力テストの問題点を解説しているメディアは皆無に近いように思います。メディアには権力監視の役割があると言われます。であれば、それを可能にするだけの知識をマスメディアの人々も持つ必要があるでしょう。全国学力テストに関して言えば、それを報道する人々は、大規模な学力調査に関する最低限の知識を持つべきなのです。

これは教員養成についても同様のことが言えます。教員養成課程において実態を把握する方法が教えられていないという現状は、あまり好ましいものではありません。おそらくそこには、日本の学校現場の「役に立つこと」「即戦力」を求める意識も影響しているのでしょう。私は教員養成大学に所属しているので、学校現場の「即戦力」を求める声の強さは日々感じざるを得ない状況にあります。それが悪いことだとは言い切れません。あまりにも多忙な日本の学校現場では、それだけでは不十分だと頭ではわかっていたとしても、どうしてもその場の問題を解決するための即効性のある方法が重視されてしまいがちです。ただ、「役に立つこと」を重視する意識が回りまわって、「指導の役に立つ」悉皆実施に結びつき、現行の問題だらけの全国学力テストを支えてしまっているということには、もう少し自覚的になってほしいと思います。

実態把握を大事にしないという構造的な問題があるために、現在の日本は、自国の学力実態を把握するための学力調査を持っていません。現在の学力実態も、その変化もわからないのですから、学力に関する教育政策は、そのすべてが担当者の「思いつき」に頼るしかないのです。当たり前のことですが、現状を把握せずに改善を試みても、うまくいく可能性はかぎりなく低いでしょう。こうした当たり前のことさえ無視して、「場当たり的な」改革を繰り返してきたところに、日本の教育の真の課題があります。現行の全国学力テストは、その典型的な実例の一つです。このような改革を繰り返してきた結果、日本の教育のあちこちに歪みが生まれています。現在騒がれている教員の多忙も、その一つの現れに過ぎません。そろそろ私たちは現実を直視し、根本的にやり方を変える時期なのです。まずは実態把握のためのデータを取得すること、そのための組織や人材を用意することに注力しなければなりません。

（2）「政策のためのテスト」について学ぼう

先ほど第3節では、全国学力調査のあるべき姿について述べてきました。もっとも私は、このような調査が今すぐできるとは思っていません。すでに述べたように、現在の日本には「政策のためのテスト」を設計・維持するために必要な知識を持った人材が、圧倒的に不足しているからです。

第4章でも触れたとおり、日本の教育行政は「無謬主義」の発想が強すぎるあまり、実態を把握する人材を必要としてきませんでした。問題は教育行政だけに留まりません。日本の教育現場も、学校・学級の指導ができる「即戦力！」の人材を求めるあまり、「政策のためのテスト」を実施するために必要な人材を育てる努力を怠ってきました。こうした「政策のためのテスト」の知識を欠いたことが、現場の「役に立つ」ことを目指す現行の全国学力テストが実施される一つの原因となったことを思えば、教育に関わる人たちは、もっと「政策のためのテスト」について学ばなくてはなりません。

幸いなことに、現在は「政策のためのテスト」について学ぶことのできる資料があちこちに存在しています。一定程度の統計学やコンピュータの知識、そして英語の読解力は必要なのですが、教育政策に関わる人たち(あるいはこれから関わろうと思う人たち)は、最低でもこうした知識を知っておく必要があると言えるでしょう。本書では、どうすれば「政策のためのテスト」に関する知識を手に入れることができるか、一つの道筋(カリキュラム)を示しておきます。巻末に、ブックガイドとして、「政策のためのテスト」を学ぶための入門書をひと通り挙げておきましたので、現状を変えようという気概のある方は、ぜひ目を通してください。

もっとも、このブックガイドに挙げられた本を独学で読み切るのは、容易なことではありません。おそらく、それぞれの分野について学ぼうとして、あまりの難しさに挫折する人もいるでしょう。私は、それで良いと思います。ここで私が皆さんに知ってほしいことは、大規模な学力調査の設計・分析には専門的な知識が欠かせないという、ある意味で当たり前のことなのです。ブックガイドで私が紹介した書籍は、あくまで入門書に過ぎません。問題は、こうした入門書に書かれているような定石を無視して、あるいは、そもそも定石さえ知らない人たちが、全国学力テストを設計したという点です。このような状況は、改められなければなりません。

現状を変えるには、日本の学力調査に関わる人たちに向けて、ここで述べてきたようなカリキュラムを学ぶ機会が提供されなくてはならないでしょう。現在の教育政策に関わる官僚たち、あるいは学校の教員たちは、あまりにも忙しすぎて、いったん職に就いた後、学び直す機会があまり与えられていないようです。これでは状況は変わりません。かれらに、知識を提供する場と機会を設け、学ぶ時間を確保しなければなりません。そして、仮にそれが難しいのであれば、学力調査の専門家をきちんと雇用するべきなのです。このような「当たり前」のことを怠ってきたために、全国学力テストは失敗したのです。

（3）学力調査は「道具」に過ぎない

本書では、現行の全国学力テストの問題点と、それを改善するための方策について議論してきました。断っておきますが、私は理想的な全国学力テストを作ることができれば、それですべての教育問題が解決するなどと思っているわけではありません。たとえばアメリカは、日本とは比べ物にならないほど学力調査による実態把握が進んだ国の一つです。両親の学歴や所得、あるいはエスニシティやジェンダーといった社会的な要因によって子どもの学力がどの程度左右されるのかとか、その差が過去数十年に渡ってどのように変化してきたのかといった情報が蓄積されています。しかし同時にアメリカは、日本とは比べ物にならないほど、学力調査による学校・教員の評価・監視が厳しく、その弊害が現れている国でもあります。あまりにもテストの結果によって学校・教員を評価しすぎた結果、成績の低い学校は廃校になったり、教員がリストラされたりしています。さらに学校の授業もテスト対策に偏っており、こうした現状が厳しく批判されています(Ravitch 2010)。

　昨今、日本の教育においてもＥＢＰＭ(証拠に基づく政策立案)が重要であることが声高に主張されるようになってきました(中室２０１５)。簡単に言ってしまえばＥＢＰＭとは、教育政策の効果を関係者の勘や思い込みに頼って行うのではなく、(とくに数量化された)教育研究の裏付けに基づいて行うべきだという主張です。確かに日本には、高等教育政策のように、ほとんど関係者の思い込みによって実施されてきたとしか思えない改革[5]が少なくありませんから、ＥＢＰＭの発想を取り入れることも重要だと思います。

　ただ、ＥＢＰＭですべてが解決するわけではありません。ＥＢＰＭでは、その証拠とされる教育研究の成果指標が、どうしても数量化されたものに偏る傾向があります。端的に言えば、算数(数学)のように、子どもの学力を数値化しやすいものは評価指標になりやすく重視される一方で、音楽や芸術のように数値化しづらい指標は軽視される傾向があるということです。とくに小学校や中学校といった義務教育段階において、子どものさまざまな個性を引き出すことを学校教育の目標とするのであれば、そこにＥＢＰＭを持ち込むことには、評価指標をあまりにも狭く捉えてしまう危険性があります。

　またＥＢＰＭが依拠する教育研究は、あくまでも過去の社会のデータに基づいて得られたものであるということも忘れてはなりません。たとえば、「乳幼児期に絵本の読み聞かせを受けた子

(５)　高等教育政策の問題点については、佐藤(２０１９)を参照してください。

どもは65歳時点で幸福である傾向が高い」という研究成果が発表されたとしても、それはあくまで「60年前の社会で読み聞かせを受けたら」という前提付きの知見なのです。現代社会は変化が早く、インターネットを使ったさまざまなサービスが次々と生まれる社会です。60年前と同じ取り組みが、今の子どもたちに同じように有効なのかどうかは、結局やってみないとわからないのです。もちろん何も情報が無いよりは遥かにマシな判断ができるでしょうから、過去の教育研究とその成果を知っていることは重要です。だからといって、過去の教育研究の成果を絶対視し、それを信奉するべきではありません[6]。

アメリカの例を見ると、いくら素晴らしいデータが手に入ったとしても、それをどう活かし、教育を良くしていくのかは、結局そこに関わる一人一人のリテラシー次第であると言えるようです。質の高いデータをもとに現実を把握することは重要ですが、データに振り回されることもまた避けなければなりません。

実は、日本がアメリカの後追いをしてしまう芽は、すでに現れつつあります。現在、教育経済学を専門とする研究者たちを中心に、新しい学力調査を作ろうという動きが見られます。たとえば２０１６年から埼玉県教育委員会が実施している埼玉県学力・学習状況調査は、ＰＩＳＡと同じくＩＲＴをベースに設計された、児童生徒の「成績の伸び」を把握することのできる学力調査です(石川ほか２０１７)。新聞などでも「伸びを評価する」新しいテストで[7]あると宣伝されていますから、ご存じの方もいるかもしれません。

これまで日本には、学力の変化を測ることのできるテストがありませんでしたから、こうした取り組みは確かに素晴らしいものです。ただ、私はそこに若干の懸念も覚えています。それは、埼玉県学力調査が「政策のためのテスト」と必ずしも親和性が高いとは言えない「指導のためのテスト」という目的を堅持し、学力調査の悉皆実施は維持しているという点です。[8]「伸び」を測定し、指導や評価につなげるためには、悉皆実施でなければならないのかもしれません。しかしそれは、学力調査の結果を学校評価・教員評価と結びつけられるということに他なりません。

さらに気になるのは、埼玉県学力調査も全国学力テストと同じく、あくまでも学習指導要領に基づいたテストであり、本書が指摘してきた「何の学力を測るのか？」という根本的な問いには答えていないように見えるという点です。今のところ埼玉県学力調査については、利用したIRTモデルの詳細や、出題された設問の精度といった仕様が公表されていません。つまりIRTを利用して「成績の伸び」を測ると謳ってはいるものの、その実、測る能力が曖昧という点で、埼玉県学力調査は全国学力テストとそれほど変わらないとも言えるのです。

学校評価・教員評価につなげることが可能というテストの特性と併せて考えると、実は埼玉県学力調査は現行の全国学力テスト以上に、学校現場を統制するテストになる危険性を秘めていま

（6）「エビデンスに基づく教育」の限界については、たとえば杉田・熊井編（2019）を参照してください。
（7）教育新聞「個々の伸びをみる埼玉県学力調査　県外でも導入広まる」https://www.kyobun.co.jp/news/20200331_03/
（8）埼玉県学力・学習状況調査の保護者用リーフレット（https://www.pref.saitama.lg.jp/f2214/gakutyou/20150605.html）などを参照してください。

す。そしてこれが、まさにアメリカで起こってきたことなのです（Apple 2006）。埼玉県学力調査が教育現場に与える影響については、今後も慎重に見極めなければならないでしょう。

何にせよ、私たちが常に自覚するべきことは、学力調査は「道具」に過ぎないということです。学力調査の結果は、私たちがよりよい教育を行うための判断材料の一つに過ぎません。あえてビジネスにたとえるなら、会社の売上を見ずに判断を行う経営者は愚か者ですが、売上だけを見て社員の意見を聞こうともしない経営者もやはり愚か者なのです。経営の世界では、Data-Driven（データによる意思決定）ではなく、Data-Informed（データをもとにした「人による」意思決定）が重要だと言われるようになってきています。学力調査の場合も、これとまったく同じだと言えるでしょう。

本書では、学力調査の難しさと、現状をどのように改善するべきかについて述べてきました。学力調査を適切に扱うことができれば、私たちはより良い日本の教育の在り方について考えることができます。全国学力テストが開始され、すでに10年を超える年月が過ぎました。この間、「指導のため」という名目で、「政策のため」にはほとんど使えないテストが毎年数十億円の税金をつぎ込みながら実施され続けてきたことになります。そろそろ私たちは、このテストの何が問題なのか、どうすればよいのかを考える時期に来ていると思います。「何のために学力調査をするのか」。本書が、この問いを考えるための手がかりとなることを願っています。

ブックガイド

最後に、「政策のためのテスト」について学ぶためのブックガイドを挙げておきます。本書では、さまざまな日本の教育政策の間違いを指摘してきましたが、読者の中には、これまでそんなことは考えたこともなかったという人もいるかもしれません。その場合は、まずは教育問題や教育政策を批判的に捉える視点を養うことから始めてください。たとえば、広田・伊藤(2010)、広田(2011)、布村(2013)といった本では、ここ20〜30年ほどの日本の教育改革の間違いがわかりやすく説明されています。こうした本を読めば、学力調査に限らず、巷に溢れる教育論議にどれだけ「素人」によるトンデモな話が多いかよくわかるはずです。教育を語るなら、その前にそれなりの勉強が必要なのです。

勉強が必要なのは、学力調査についても変わりません。ぜひ以下に挙げるような書籍を読んでから、学力調査について論じてほしいと思います。断っておきますが、大規模な学力調査にはさまざまな分野の専門知識が関わっています。それぞれの分野はあまりにも広大で、私が紹介できるのは、その中のほんの一部に過ぎません。ここに挙げられていない本の中にも、素晴らしい本は数多くあります。ブックガイドを手がかりに、さらに学力調査に対する学びを深めていただければと思います。

大規模な学力調査のデータに触れる

①川端一光・岩間徳兼・鈴木雅之、2018、『Rによる多変量解析入門——データ分析の実践と理論』オーム社。

②杉野勇、2017、『入門・社会統計学——2ステップで基礎から〔Rで〕学ぶ』法律文化社。

③今井耕介、2018、『社会科学のためのデータ分析入門(上・下)』岩波書店。

④国立教育政策研究所編、2019、『生きるための知識と技能7——OECD生徒の学習到達度調査(PISA)2018年調査国際結果報告書』明石書店。

⑤OECD, 2009, *PISA Data Analysis Manual: SPSS and SAS, Second Edition*, OECD.

⑥川口俊明、2018a、「Rを利用したPISAの分析」『福岡教育大学紀要』67：1−14。

⑦袰岩晶・篠原真子・篠原康正、2019、『PISA調査の解剖——能力評価・調査のモデル』東信堂。

「政策のためのテスト」について知るために最初にしてほしいことは、実際に大規模な学力調査のデータに触れてみることです。中でも、第3章で紹介したPISA調査がお薦めです。実はPISA調査の設計や得られたデータは、一人一人の個票に至るまで、その多くがオンラインで公開されています。[(1)] そのためPISA調査の内容に関心・疑問を持つ人は、インターネットに接続できる環境さえあれば、誰でも自分でPISA調査を再分析することができるのです。

もちろん分析のためには統計用のソフトウェアが必要ですが、そのハードルはこの10年で大きく下がっています。一昔前は、SPSSやSASといった10万円前後もする高価なソフトウェアを使わなければ分析できませんでしたが、今はR[(2)]という無料で利用できるソフトウェアがあります。Rは統計学の初心者からプロまで、幅広い層で人気を誇っており、大きな書店に行けば関連書籍を何十冊も見つけることができるでしょう。

何よりRを学ぶメリットは、Rを使って統計技法を解説している書籍が多いという点です。Rを知っていれば、あまり詳しくない分野であっても、Rのコードを見ながら分析を追体験することで、容易に理解を深めることができるようになります。本書で扱った内容との関連で言うと、教育心理・教育測定をカバーするものとして①、社会調査を中心にしたものとして②、因果推論

(1) https://www.oecd.org/pisa/data/
(2) https://www.r-project.org/

を扱ったものとして③が、それぞれ定評のあるテキストだと思います。

Ｒに関する情報は、インターネットにも溢れています。中には、Ｒを使ったＰＩＳＡ調査の分析を解説しているものもあります[3]。こうしたサイトには、Ｒのコードが公開されていることもありますから、自身でＰＩＳＡを分析する際の参考になるでしょう。

ＰＩＳＡ調査を再分析するときは、ＰＩＳＡの報告書(④)に記載されている数値を自分で再現してみるところから始めると良いでしょう。ただ、最新のＰＩＳＡ２０１８やＰＩＳＡ２０１５はコンピュータを利用した評価(ＣＢＡ)に移行しており、それまでのＰＩＳＡと仕様が異なる箇所がいくつかあります。あいにく現時点でこうした仕様の変更について知るには、難解なTechnical Reportを読むしかありませんので、初学者にはかなりハードルが高いでしょう。ですから最初は、ＰＩＳＡ２００６かＰＩＳＡ２００９あたりの数値を再現することから始めるのがお薦めです[4]。その際、もっとも勉強になるのは、ＯＥＣＤが発刊しているＰＩＳＡの分析マニュアルです(⑤)。残念ながら邦訳はありませんが、基本的な統計の知識があれば何とか読みこなせるレベルの難易度ですので、ぜひ挑戦してほしいと思います。

第３章で説明してきたとおり、ＰＩＳＡ調査には、項目反応理論や複雑な標本抽出など、大規模学力調査のさまざまな技法が使用されていますから、一度で理解するのは容易なことではありません。幸いにして現在は、Ｒを使ったＰＩＳＡの分析パッケージや、日本語で読めるＰＩＳＡの解説書が存在しています(⑥、⑦)。こうした情報を手がかりに、ぜひＰＩＳＡ調査について学びを深めてほしいと思います。

ＰＩＳＡ調査のデータの取り扱い方がわかるようになると、大規模学力調査の理解が一挙に進みます。この段階で現行の全国学力テストの設計について調べてみると、本書で指摘してきた全国学力テストの問題点がより深く理解できるはずです。大規模学力調査に関心を持った方は、日本が参加しているＰＩＳＡ以外の学力調査として、数学と理科の国際学力調査であるＴＩＭＳＳ[5]や大人版ＰＩＳＡと言われるＰＩＡＡＣ[6]について調べても良いでしょう。こうした学力調査は、いずれもオンライン上に個票データが公開されており、利用するのに特段の許可も必要ありません。国際的な学力調査の水準を知るためにも、このような調査に触れることは重要だと思います。

テスト理論を学ぶ

①日本テスト学会編、２００７、『テスト・スタンダード――日本のテストの将来に向けて』金子書房。

（3）「PISA2018データを読む」https://oku.edu.mie-u.ac.jp/~okumura/stat/pisa2018.html
（4）ちなみにPISA2000は、PISAの仕様がまだ固まっていないところがあるので、初学者にはお薦めしません。
（5）「Trends in International Mathematics and Science Study」https://timssandpirls.bc.edu/timss-landing.html
（6）「Programme for the International Assessment of Adult Competencies」https://www.oecd.org/skills/piaac/

②日本テスト学会編、2010、『見直そう、テストを支える基本の技術と教育』金子書房。
③南風原朝和、2002、『心理統計学の基礎——統合的理解のために』有斐閣。
④光永悠彦、2017、『テストは何を測るのか——項目反応理論の考え方』ナカニシヤ出版。
⑤加藤健太郎・山田剛史・川端一光、2014、『Rによる項目反応理論』オーム社。

本書を読んで、「学力をどう測ればよいのか」に関心を持った方もいるでしょう。そうした方は、ぜひ「テスト理論」について学んでください。日本には、テストの在り方について研究・議論している学会、その名もズバリ「日本テスト学会」という団体があります。日本テスト学会は、一般の方に向けてテストの在り方に関する書籍を出版していますから、まずはこれを手に取ってみると良いでしょう(①、②)。とくに、②には、テストに関わる素朴な疑問への回答が、Q&A方式でコンパクトにまとめられています。

ただ、いくら一般向けと言っても、まったく予備知識なしに読むと「標準偏差」や「回帰(分析)」といった用語に戸惑うと思います。こうした用語に馴染みのない方は、事前に、心理統計学の基礎について学んでおいたほうが良いでしょう。心理統計学に関する書籍は相当な数が出版されていますが、私は③を薦めます。数式はかなり多いのですが、丁寧に解説されているので、独学でも理解が深まります。

本書でも、第3章2節(4)で触れましたが、近年の大規模学力調査の背後には、項目反応理論

（IRT）というテスト理論の考え方があります。ここ10年ほど、日本でもIRTへの関心が高まりつつあり、さまざまな書籍が出版されるようになりました。専門的なものばかりではなく、一般の方に向けた書籍もありますから、ぜひ目を通してみると良いでしょう。私のお薦めは④です。かなり丁寧に書かれていますから、それほど予備知識を必要とせずに読み進められるはずです。IRTにある程度習熟した方であれば、⑤もお薦めです。

社会調査を学ぶ

①谷岡一郎、2000、『「社会調査」のウソ――リサーチ・リテラシーのすすめ』文藝春秋。
②大谷信介・木下栄二・後藤範章・小松洋、2013、『新・社会調査へのアプローチ――論理と方法』ミネルヴァ書房。
③轟亮・杉野勇、2017、『入門・社会調査法――2ステップで基礎から学ぶ』法律文化社、第3版。
④土屋隆裕、2005、『社会教育調査ハンドブック』文憲堂。
⑤福井武弘、2013、『標本調査の理論と実際』日本統計協会。

学力調査について学びたいのであれば、そもそも「調査」とは何なのか／何のために「調査」

をするのかといったことについても勉強してほしいと思います。一般に調査というと、アンケートを使った調査をイメージする人が多いと思いますが、こうした調査は「社会調査」という立派な学問体系を形成しています。

社会調査の方法論については、日本語で読める良書は何冊もあります。本書は、現行の全国学力・学習状況調査という調査の問題点について述べてきましたが、実は、日本の教育現場で行われている各種の調査には、社会調査の視点から見ると誤ったものが少なくありません。これは担当者が悪意を持ってやっている訳ではなく、単に社会調査の基本を知らないためだと思います。ぜひ社会調査の基本を学び、正しい調査を実施してほしいと思います。

誤った調査がどのようなものかについては①を読むと良いでしょう。これは、誤った方法論に基づいて実施された「調査モドキ」の弊害をユーモラスに語った良書です。この本を読むと、私たちの身の回りに、意外なほどに誤った調査が多いことに気づくと思います。

適切な調査の方法論の入門書としては、②や③が参考になるでしょう。どちらも版を重ねた、社会調査のテキストです。また④は、社会調査に関わる用語や注意点をコンパクトにまとめたテキストで、手元にあると重宝します。ＰＩＳＡ調査や他の大規模学力調査でも利用されている標本抽出については、⑤が参考になるでしょう。

家庭環境と学力について学ぶ

①苅谷剛彦・志水宏吉編、2004、『学力の社会学——調査が示す学力の変化と学習の課題』岩波書店。
②阿部彩、2008、『子どもの貧困——日本の不公平を考える』岩波書店。
③松岡亮二、2019、『教育格差——階層・地域・学歴』筑摩書房。
④川口俊明、2011、「日本の学力研究の現状と課題」『日本労働研究雑誌』614：6—15。
⑤川口俊明、2019a、「日本の学力研究の動向」『福岡教育大学紀要』68：1—11。

本書では、保護者の学歴や年収といったSESが子どもの学力を強く規定しているという話が何度も出てきました。2000年頃から、日本でも「学力格差」(①)や「子どもの貧困」(②)が話題になり、家庭環境に由来する教育の格差が存在することが一般に認知されるようになってきたと思います。本書でも何度か家庭環境と学力のあいだに強い関連があることを示してきましたが、学力調査の結果を社会に還元することを考えるなら、家庭環境と学力に関する研究の成果を知っておくことは重要です。

日本の教育格差については、これまで少なくない研究が発表されてきました。中でもお薦めなのは③で、学力格差に限らず、日本のさまざまな教育格差を包括的にレビューした力作です。新書ですから価格も手頃ですし、参考文献も豊富です。まずこれを読めば、日本の教育格差の全体像はおよそ摑むことができるでしょう。

日本の学力研究の現状について知りたいのであれば、④、⑤が良いかもしれません。2000年頃からの日本を対象とした学力研究の成果と課題について、包括的にレビューした文献です。日本の学力研究の到達点とその課題を知りたい方には、うってつけでしょう。

因果推論を学ぶ

①中室牧子、2015、『「学力」の経済学』ディスカヴァー・トゥエンティワン。
②伊藤公一朗、2017、『データ分析の力　因果関係に迫る思考法』光文社。
③星野匡郎・田中久稔、2016、『Rによる実証分析——回帰分析から因果分析へ』オーム社。
④安井翔太、2020、『効果検証入門——正しい比較のための因果推論/計量経済学の基礎』技術評論社。

学力調査の活用という点では、教育政策や実践の効果を分析する方法を知っておくことも重要です。ある政策や実践が「効果があったかどうか」を検証するための統計学の枠組みが、「因果推論」と呼ばれる研究分野になります。日本でも、2010年頃からEBPM(証拠に基づく政策立案)が流行していることもあって、日本語で読める良書がいくつも出版されています。教育に関するものとしては、①が読みやすく、かつもっとも有名だと思います。同書では、現行の全国学力テストの問題点も指摘されています。

因果推論の基本的な考え方については、②がわかりやすいと思います。新書なので値段も手頃ですし、それほど予備知識がなくても読み進められる内容になっています。Rを使ったものとしては、③や④があります。いずれも因果推論の基本的な考え方や手法について、Rのコードや分析例をもとに説明した良書です。もっとも、まったく統計学を学んだことのない人やRの扱いに慣れていない人にとっては、かなりハードルが高い内容です。ですからいきなりこの2冊に手を出すよりは、まずはPISA調査の分析方法を学び、Rの操作に慣れることから始めたほうが良いでしょう。

日本社会について学ぶ

①小熊英二、2019、『日本社会のしくみ――雇用・教育・福祉の歴史社会学』講談社。
②本田由紀、2009、『教育の職業的意義――若者、学校、社会をつなぐ』筑摩書房。
③曽我謙悟、2019、『日本の地方政府――1700自治体の実態と課題』中央公論新社。

「政策のためのテスト」と直接関わるわけではありませんが、日本で「政策のためのテスト」を実施するためには、「日本社会の仕組み」を知らなければなりません。第4章で見てきたように、現行の全国学力テストが失敗した理由の一つに、日本の雇用慣行があります。本書では否定的に扱いましたが、こうした雇用慣行は、それなりの合理的な理由と歴史があって維持されてきたものですから、それを変更することは困難ですし、やるべきではありません。

重要なのは、日本社会の仕組みを学び、日本社会にあった全国学力調査の姿を提案することです。その際、日本社会の雇用慣行や教育、あるいは統治機構の歴史について学ぶことは大事です。こうした知識なしに、単に他国の真似をするだけでは、全国学力テストを変えることはできないでしょう。そこでブックガイドの最後に、日本社会について学ぶための本を挙げておきたいと思います。

たとえば、①は、日本社会の雇用慣行について、その歴史をもとに整理しています。新書としてはやや分厚いですが、日本の雇用・教育・福祉がなぜこのような形になったのかを考える上では、ぜひ知ってほしい内容が書かれています。なお、よく似た内容をとくに教育という側面から扱っているのが、②です。やや古い本ですが、この本を読むと、日本の教育の課題がよりクリアに見えてくると思います。また、③は、日本の「地方政府」の構造や歴史を包括的にまとめた新書です。全国学力調査を考える上では、国と地方の役割分担についても考えざるを得ません。そうしたときに、この本の知識は役に立つでしょう。

おわりに

いつまで失敗を続けるのか？

ちょうどこの本を執筆している最中、全国学力テストに関して、いくつかの動きがありました。一つは、２０２０年度の全国学力テストが中止されたことです。その背景には、新型コロナウイルス感染症の拡大と、それに伴う休校措置の影響がありました。２０２０年2月27日、安倍晋三総理は全国の小中高校に感染防止のためとして臨時休校を要請し、3月2日から全国各地で多くの学校が休校になりました。ただ、その後も感染拡大は止まらず、4月7日の緊急事態宣言の発令に伴い、多くの地域で休校措置が継続されます。中には、3月初旬から5月末まで、休校期間が3カ月に及んだ自治体もありました。このような事態を受け、文科省は２０２０年度の全国学力テストを中止するに至りました。

新型コロナウイルスという未知の感染症に備えつつ、同時に休校による学習の遅れを取り戻さなければならない学校現場の状況を考えれば、テストを実施するのは容易なことではありませんから、中止は当然だと思った人も多いことでしょう。しかしこの決定は、現行の全国学力テストが「政策のためのテスト」ではなく、「指導のためのテスト」であることを浮き彫りにしています。

仮に「政策のためのテスト」であれば、ここで全国学力テストを中止するべきではありませんでした。数カ月に及ぶ休校措置の影響を把握する、数少ない機会だからです。休校措置の影響は、すべての子どもに同じように及ぶわけではありません。保護者が専業主婦(夫)だったり、柔軟に仕事を休むことができたりして、家庭で子どもの学習をサポートできる場合は、休校措置の影響は最小限に抑えられるでしょう。一方で、保護者が仕事を休むことのできない家庭や、何らかの事情で十分に子どもの学習をサポートできない家庭は、長期に渡る休校措置の影響をもろに受けたと考えられます。残念ながら確たるデータはありませんが、長期に渡る休校措置は、もともと子どもたちの間にあった「教育格差」(松岡２０１９)を、確実に拡大させたはずなのです。格差の実態を把握し、その保障を考えるためには、休校を要請した国の責任において、むしろ今こそ全国学力調査を実施し、子どもたちの実態を調べなければなりませんでした。未曽有の事態ですから、正確な状況を把握している人はどこにもいません。仮に実態把握を重要な問題だと考えているのであれば、何としてでも学力テストは実施しなければならず、中止するという判断などあり得なかったはずなのです。

一方で、「指導のためのテスト」であれば、テストの実施を取りやめることは自然です。地域によっては休校期間が３カ月にも及んでおり、その間の学習がストップしているわけですから、学校の先生にとっては、その遅れを取り戻すことが最優先で、わざわざ「確認テスト」をする必要はありません。むしろテストをすれば、その分、子どもたちの学習時間を削る必要が生じますから、このタイミングの学力テストは無駄以外の何物でもありません。全国学力テストを「指導のためのテスト」と捉えている人にとっては、テストの中止は当然の帰結でしょう。

このように「指導のためのテスト」なのか、「政策のためのテスト」なのかによって、取るべき選択は真逆になってしまいます。本書で指摘したように、現行の全国学力テストは、一つのテストの中に「指導のためのテスト」と「政策のためのテスト」という両立し難い目標を同時に抱え込んでいるわけですが、2020年度の全国学力テストが中止に至ったことは、そのことの問題性をあらためて示したと言えるでしょう。

全国学力テストをめぐるもう一つの動きは、コンピュータを利用した評価(CBA)というアイディアがにわかに現実味を帯びてきたという点です。第5章でも触れたように、GIGAスクール構想の中で、これまでもコンピュータを使った学力テストの可能性は検討されていました。ただ、新型コロナウイルスの感染拡大を受け、「三密」を避けるためのコンピュータを使った学びの可能性に、急速に注目が集まりつつあります。PISAなどの国際的な調査の結果を見ると明らかですが、日本の学校教育は、諸外国に比べてICTの利活用が大きく遅れています。この状況を憂う人たちの中には、CBAの導入が日本の教育を大きく変えるのではないか、という期待を寄せている人もいるようです。私も(個人的に)ICT機器は好きなので、その気持ちはよくわかります。

ただ、現在文科省で行われている、全国学力テストをCBA化する議論に参加していて疑問に思うのは、果たして政治家や教育行政の人たちは、CBAの実施に伴う困難さを理解しているのだろうかという点です。コンピュータを使った学力調査の利点を最大限に活かすには、日本の小中学校教育ではほとんど知られていないIRTを前提に、「学力を測るとはどういうことか」というところから議論を始める必要があります。加えて、CBAのような高度な技術が求められる学力テストを運用するためには、教育測定や社会調査、あるいは因果推論の専門家に加え、テクノロジーの専門家を多数雇用した専門の部署を作る必要が生じます。つまり、莫大な予算と時間が必要になるのです。予算をケチったりすれば、まず間違いなく、全国学力テストのCBA化は失敗するでしょう。

何より私が恐れているのは、十分な議論を重ねないまま、とにかくコンピュータを使うことを優先してCBA化を進めた結果、現行の全国学力テストの設問を、そのままコンピュータで配信するという事態が起こることです。当たり前ですが、コンピュータの画面は狭いので、それを考慮した設問作成をしなければなりません。紙を前提とした設問をそのままコンピュータに載せると、何度も画面をスクロールさせる必要が生じ、非常に答えづらいテストになってしまいます。

また、コンピュータを利用したテストの「ウリ」の一つに自動採点がありますが、正解を選択させる択一式の設問ならともかく、記述式の設問の自動採点は容易なことではありません。自動採点の専門家を雇わずにテストを設計すれば、ヘタをすると、児童生徒が頑張ってコンピュータに入力した回答をいったん紙にプリントアウトし、それを大量に雇われたアルバイトたちが人力で採点するという悪夢のような事態も生じかねません。「これならいっそコンピュータを使わずに紙でやったほうがマシだった……」。そんな未来が来るのではないかと本気で心配する毎日です。

常々思うのですが、どうにも私たちは、わかりやすい答えを求めてしまう傾向があるようです。何のために学力調査をするのか。どのような学力を測りたいのか。学力をどうやって数値化するのか。学力調査を運用する人材をどう育て、雇用するのか。学力調査を運用するには、こうした難しい問いに向き合い、一つ一つ答えを出していく必要があります。

うがった見方ではありますが、政治家や教育行政に関わる人たちは、現行の全国学力テストのほうが都合が良いのかもしれません。今のままのほうが、ＩＲＴだの、標本抽出だのといった専門用語（時には数式も！）が飛び交う議論に比べ、「誰にとってもわかりやすい」からです。放っておいてもマスメディアが都道府県別の順位を報道し、好き勝手に議論してくれるのですから、面倒な問題に向き合って全国的な学力調査の在り方について考えるより、遥かに「楽」でしょう。

ひょっとすると、これは学校の先生にとってもそうなのかもしれません。第4章を読まれた方にはおわかりいただけると思いますが、本書に書いたような話をすると、全国学力テストに振り回されているはずの学校の先生から反論を受けることがあります。「政策のためのテストが必要だと言われても、学校現場は多忙なんだ。すぐに役立たないテストをしている暇はない」「目の前の子どものために何ができるかが知りたいのであって、どうにもならない学力格差の話が聞きたいわけじゃない」と言われることは決して珍しくないのです。

もっとも、その気持ちも少しはわかります。確かに「政策のためのテスト」は直接個々の学校現場に返却されるわけではありません。また、その結果を分析しても、学校の教員にはどうしようもない結論(結局、学力にもっとも影響を与えているのはSESで、学校や教員の影響力はそれほど大きくない)に至ることも多いのです。それに比べると、「指導のためのテスト」であれば、とりあえず目の前の子どもに答案を返却できる分、「役に立つ」ように思えます。

ただ、多くの人がそのように考え「即座に役に立つ」ことを求めた結果が、現行の全国学力テストであるということは忘れないでください。このままの状況が続けば、そう遠くない将来、コンピュータを使って実施する必要があるのかどうかもわからない、CBAとは名ばかりの学力テストが生まれてしまうかもしれません。仮にそうならなかったとしても、調査設計を大きく見直さないかぎり、現行の全国学力テストは、そのままでは政策や研究のためには利用しがたいデータを生み出し続けることになります。

いい加減、このような状況は変えるべきです。そのためには、私たち一人一人が「何のために全国的な学力調査が必要なのか」考え直すしかないのです。

新型コロナウイルスの感染拡大によって、2020年度の全国学力テストが中止されたのは、見方によっては好機かもしれません。この機に、いったん立ち止まり、何のために全国的な学力調査をするのか考え直すべきなのです。本書は、そのための叩き台です。ぜひ社会科学の知見を踏まえた上で、全国的な学力調査の在り方について議論してほしいと思います。

謝辞

本書のベースとなったのは、いくつかの媒体で発表してきた原稿です。数年前から、全国学力テストの問題点について書く機会が増え、『教育』（川口２０１７）、『Synodos』*、『教職研修』（川口２０１８b）、『社会と調査』（川口２０１８c）、『中央公論』（川口２０１９b）といった媒体で私の考えを発表してきました。さまざまな読者に向けて執筆することが、全国学力テストについて考え直す機会となりました。本書の内容自体はほとんど一から書き下ろしたものですが、それぞれの雑誌の編集者の皆さまには、この場を借りて御礼申し上げます。

同時に本書は、私自身が研究活動を行う中で、学校現場や教育行政の方々とのやりとりを通して感じたこと・考えたことを自分なりにまとめた成果でもあります。あいにく、お一人お一人の名前をあげることはできませんが、しつこく「データが必要だ！」と言い続ける私と辛抱強くや

＊　「ＰＩＳＡから私たちは何を学べるのか？——「学力調査の設計」という視点から」https://synodos.jp/education/21994

りとりしていただき、感謝しております。

日本の教育学者には、そもそも統計的な手法を使って研究を進める人がそれほど多いとは言えない状況なのですが、その中でも、学校現場や教育行政と付き合いのある人というのは更に少ないと思います。そういう意味では、私はかなりの「変わり種」と言えるかもしれません。

私自身が、このように学校・教育行政と関わる研究スタイルを取るようになったのは、今は亡き池田寛先生と、大学院時代の恩師である大阪大学の志水宏吉先生の影響でしょう。タイプは違いますが、いずれの先生も現場とつながった研究を大事にしておられ、その研究スタイルは、私に大きな影響を与えました。あいにく私自身は、お二人が得意とするインタビューや参与観察といった質的調査の素養が薄かったようで、その意味では「不肖の弟子」なのですが、この場を借りて御礼申し上げます。

本書でもたびたび指摘してきたように、日本には研究者が利用できる大規模な学力調査データがほとんどありません。私が自身のライフワークの一環として、この問題に真剣に向き合おうと考えるようになったのは、諸外国の研究事情に詳しい研究者たちと出会ったことが大きく影響しています。とくに慶應義塾大学の赤林英夫先生、早稲田大学の松岡亮二先生には、アメリカを始めとする世界の学力研究の水準と、日本のそれとの差について、折りに触れご教示いただきました。お二人の活躍にはまったく及びませんが、本書が、日本の学力研究の「データが乏しい」という課題を改善することに少しでもつながればと考えております。

ＰＩＳＡを始めとする国際的な学力調査の研究については、教育測定を専門とする研究者の方々との意見交流が刺激になりました。中でも、東北大学の柴山直先生には、全国学力テストの専門家会議を始め、さまざまな場面で、日本の学力テストを変えようとする「先達」としてご示唆をいただきました。

現在の職場で働きはじめて10年になりますが、その間、常に教育行政・学校と研究者側のニーズのギャップに悩まされてきました。「指導のためのテスト」を求める学校と「政策のためのテスト」を求める教育研究者のあいだに乖離があること、日本の教育行政に「政策のためのテスト」を必要とする動機が薄いことは私なりに理解したつもりですが、このような状況では学力格差研究は進みませんし、何より日本という社会にとって不幸なことです。このような思いで、自分にできる範囲でどうにかこうにか調査・研究を進めてきたように思います。

ただ、個人の活動では限界があり、より広い範囲で問題意識を共有し、議論しなければどうにもならない、と感じるようになりました。そんな折、岩波書店の大竹さんから本書の企画を持ちかけられたことが、執筆のきっかけになりました。大竹さんには、執筆のペース配分を含め、ずいぶんとお世話になりました。どうにもいい加減で、細かい作業が苦手な私が出版にこぎつけることができたのは、大竹さんのご尽力によるところが大きいと思います。ありがとうございました。

本書では、現行の全国学力テストの問題点について、できるだけ網羅的に整理しました。もちろん多くの人に手にとってほしいのですが、一方で、いつか本書で指摘したような内容が「日本には、昔こんな酷いテストがあってね……」という笑い話のネタになり、ほとんどの人には見向きもされなくなる日が早く来ればよいとも思います。
本書が必要とされなくなる日が来ることを祈って。

2020年7月2日

川口俊明

参考文献（アルファベット順）

阿部彩、２００８、『子どもの貧困――日本の不公平を考える』岩波書店。

赤林英夫、２０１８、「教員へのインセンティブ設計の考え方」『教職研修』５５４：７４－７５。

Akabayashi, H. & R. Nakamura, 2014, "Can Small Class Policy Close the Gap? An Empirical Analysis of Class Size Effects in Japan," *Japanese Economic Review* 65(3): 253-281.

Apple, M. W., 2006, *Educating the Right Way: Markets, Standards, God, and Inequality, Second Edition*, New York: Routledge.

別所俊一郎・野口晴子・田中隆一・牛島光一・川村顕、２０１９、「子どもについての行政データベースの構築」『フィナンシャル・レビュー』１４１：１０６－１１９。

福井武弘、２０１３、『標本調査の理論と実際』日本統計協会。

Gillborn, D. & D. Youdell, 1999, *Rationing Education: Policy, Practice, Reform and Equity*, Open University Press.

南風原朝和、２００２、『心理統計学の基礎――統合的理解のために』有斐閣。

濱口桂一郎、２００９、『新しい労働社会――雇用システムの再構築へ』岩波書店。

濱元伸彦、２０１４、『「生きる力」を語るときに教師たちの語ること』行路社。

橋下徹・堺屋太一、２０１１、『体制維新――大阪都』文藝春秋。

畑村洋太郎、２００５、『失敗学のすすめ』講談社。

八田幸恵、2008、「国語の学力と読解リテラシー——「自分の考え」とは何か」田中耕治編『新しい学力テストを読み解く——PISA／TIMSS／全国学力・学習状況調査／教育課程実施状況調査の分析とその課題』日本標準、41-65。

広田照幸、2011、『教育論議の作法——教育の日常を懐疑的に読み解く』時事通信出版局。

広田照幸・伊藤茂樹、2010、『教育問題はなぜまちがって語られるのか？——「わかったつもり」からの脱却』日本図書センター。

本田由紀、2009、『教育の職業的意義——若者、学校、社会をつなぐ』筑摩書房。

袰岩晶・篠原真子・篠原康正、2019、『PISA調査の解剖——能力評価・調査のモデル』東信堂。

星野匡郎・田中久稔、2016、『Rによる実証分析——回帰分析から因果分析へ』オーム社。

市川伸一、2002、『学力低下論争』筑摩書房。

今井耕介、2018、『社会科学のためのデータ分析入門(上・下)』岩波書店。

犬山市教育委員会、2007、『全国学力テスト、参加しません。——犬山市教育委員会の選択』明石書店。

石川善樹・伊藤寛武・植村理・田端紳・外山理沙子・中室牧子・分寺杏介・星野崇宏・松岡亮二・山口一大、2017、「子どもの能力を計測するための学力テストの現在と展望——エビデンスに基づく教育政策に向けて」。

伊藤公一朗、2017、『データ分析の力　因果関係に迫る思考法』光文社。

香川・愛媛「文部省学力調査問題」学術調査団、1964、『「学テ教育体制」の実態と問題』。

梶田叡一、2010、『教育評価』有斐閣、第2版補訂2版。

梶田叡一編、2010、『確かな学力の育成と評価のあり方』金子書房。

苅谷剛彦、2008、『教育再生の迷走』筑摩書房。

苅谷剛彦・金子真理子、２０１０、『教員評価の社会学』岩波書店。

苅谷剛彦・志水宏吉編、２００４、『学力の社会学――調査が示す学力の変化と学習の課題』岩波書店。

苅谷剛彦・志水宏吉・清水睦美・諸田裕子、２００２、『調査報告「学力低下」の実態』岩波書店。

加藤健太郎・山田剛史・川端一光、２０１４、『Rによる項目反応理論』オーム社。

川口俊明、２０１０、「日本における「学校教育の効果」に関する研究の展開と課題」『大阪大学大学院人間科学研究科紀要』36：１５７―１７７。

――――、２０１１、「日本の学力研究の現状と課題」『日本労働研究雑誌』６１４：６―１５。

――――、２０１７、「学力調査をとおした「統制」を論じるだけでなく」『教育』８６２：３６―４５。

――――、２０１８ａ、「Rを利用したＰＩＳＡの分析」『福岡教育大学紀要』67：１―１４。

――――、２０１８ｂ、「全国学力調査と教員評価」『教職研修』５５６：８９―９１。

――――、２０１８ｃ、「文部科学省の全国学力・学習状況調査の意義と問題点」『社会と調査』２１：２９―３６。

――――、２０１９ａ、「日本の学力研究の動向」『福岡教育大学紀要』68：１―１１。

――――、２０１９ｂ、「問題点だらけの全国学力テスト――国は目先ではなく、一〇年先を考えよ」『中央公論』１３３(11)：１６２―１６９。

川口俊明編、２０１９、『日本と世界の学力格差――国内・国際学力調査の統計分析から』明石書店。

川口俊明・松尾剛・礒部年晃・樋口裕介、２０１９、「項目反応理論と潜在クラス成長分析による自治体学力調査の再分析――算数・数学の学力格差とその変容」『日本テスト学会誌』15(１)：１２１―１３４。

川端一光・岩間徳兼・鈴木雅之、２０１８、『Rによる多変量解析入門――データ分析の実践と理論』オーム社。

金馬国晴、２００４、「戦後初期に「学力」の「低下」が意味したこと――〈学力調査〉から戦後新教育の批判へ」苅谷剛彦・志水宏吉編『学力の社会学』岩波書店、２３７―２６５。

北野秋男・下司晶・小笠原喜康、２０１８、『現代学力テスト批判――実態調査・思想・認識論からのアプローチ』東信堂。

国立教育政策研究所編、２００２、『生きるための知識と技能――ＯＥＣＤ生徒の学習到達度調査（ＰＩＳＡ）２０００年調査国際結果報告書』ぎょうせい。

――、２０１７、『ＴＩＭＳＳ２０１５算数・数学教育／理科教育の国際比較』明石書店。

――、２０１９、『生きるための知識と技能７――ＯＥＣＤ生徒の学習到達度調査（ＰＩＳＡ）２０１８年調査国際結果報告書』明石書店。

国立教育政策研究所教育課程研究センター、２００７、『平成19年度全国学力・学習状況調査　解説資料小学校算数』。

久冨善之、２００８、「何のための並行・質問紙調査なのか――「児童・生徒質問紙」「学校質問紙」批判」『教育』７４５：４４―５１。

松岡亮二、２０１９、『教育格差――階層・地域・学歴』筑摩書房。

松下佳代、２０１４、「ＰＩＳＡリテラシーを飼いならす――グローバルな機能的リテラシーとナショナルな教育内容」『教育学研究』81(2)：１５０―１６３。

――、２０１７、「学力とは――教育学の観点から」『日本労働研究雑誌』６８１：５５―５７。

光永悠彦、２０１７、『テストは何を測るのか――項目反応理論の考え方』ナカニシヤ出版。

三輪哲・佐藤香、２０１８、「データアーカイブの教育研究への活用――世界的動向をふまえて」『教育学研究』85(2)：２０６―２１５。

村木英治、２００９、「社会調査としての学力テスト――メインＮＡＥＰに採用されている社会調査技法について」『社会と調査』２：３５－４２。

中村高康、２０１８、『暴走する能力主義——教育と現代社会の病理』筑摩書房。

中室牧子、２０１５、『「学力」の経済学』ディスカヴァー・トゥエンティワン。

中澤渉、２０１６、「教育政策とエビデンス——教育を対象とした社会科学的研究の動向と役割」志水宏吉編『社会のなかの教育』岩波書店、７３－１０１。

——、２０１８、『日本の公教育——学力・コスト・民主主義』中央公論新社。

日本教師教育学会編、２０１７、『緊急出版　どうなる日本の教員養成』学文社。

日本教職員組合、１９９７、『日教組50年史』。

日本テスト学会編、２００７、『テスト・スタンダード——日本のテストの将来に向けて』金子書房。

——、２０１０、『見直そう、テストを支える基本の技術と教育』金子書房。

二木美苗、２０１７、「子どもの学習に対する教員の質の効果——都道府県パネルデータによる実証分析」『日本経済研究』74：５６－８３。

西田芳正、２０１２、『排除する社会・排除に抗する学校』大阪大学出版会。

Nonoyama-Tarumi, Y., 2017, "Educational Achievement of Children From Single-Mother and Single-Father Families: The Case of Japan," *Journal of Marriage and Family*, 79(4): 915-931.

布村育子、２０１３、『迷走・暴走・逆走ばかりのニッポンの教育——なぜ、改革はいつまでも続くのか？』日本図書センター。

OECD, 2009, *PISA Data Analysis Manual: SPSS and SAS, Second Edition*, OECD.

——, 2017, *PISA 2015 Technical Report*, OECD.

尾木直樹、２００８、『日本人はどこまでバカになるのか——「ＰＩＳＡ型学力」低下』青灯社。

——、２００９、『「全国学力テスト」はなぜダメなのか』岩波書店。

小熊英二、２０１９、『日本社会のしくみ――雇用・教育・福祉の歴史社会学』講談社。

大谷信介・木下栄二・後藤範章・小松洋、２０１３、『新・社会調査へのアプローチ――論理と方法』ミネルヴァ書房。

大阪大学、２０１１、『子どもたちの学力水準を下支えしている学校の特徴に関する調査研究』。

大槻達也、２０１１、「エビデンス活用の試みと課題――学習指導要領改訂及び中教審46答申の事例から」『国立教育政策研究所紀要』１４０：１３３－１６１。

Ravitch, D., 2010, *The Death and Life of the Great American School System: How Testing and Choice Are Undermining Education*, Basic Books.

三森ゆりか、２０１３、『大学生・社会人のための言語技術トレーニング』大修館書店。

佐藤郁哉、２０１９、『大学改革の迷走』筑摩書房。

妹尾渉・北條雅一、２０１６、「学級規模の縮小は中学生の学力を向上させるのか――全国学力・学習状況調査(きめ細かい調査)の結果を活用した実証分析」『国立教育政策研究所紀要』１４５：１１９－１２８。

妹尾渉・篠崎武久・北條雅一、２０１３、「単学級サンプルを利用した学級規模効果の推定」『国立教育政策研究所紀要』１４２：１６１－１７３。

妹尾渉・北條雅一・篠崎武久・佐野晋平、２０１４、「回帰分断デザインによる学級規模効果の推定――全国の公立小中学校を対象にした分析」『国立教育政策研究所紀要』１４３：８９－１０１。

志水宏吉、２００９、『全国学力テスト――その功罪を問う』岩波書店。

志水宏吉・高田一宏編、２０１２、『学力政策の比較社会学【国内編】――全国学力テストは都道府県に何をもたらしたか』明石書店。

曽我謙悟、２０１９、『日本の地方政府――１７００自治体の実態と課題』中央公論新社。

杉野勇、2017、『入門・社会統計学――2ステップで基礎から〔Rで〕学ぶ』法律文化社。

杉田浩崇・熊井将太編、2019、『「エビデンスに基づく教育」の閾を探る――教育学における規範と事実をめぐって』春風社。

鈴木亘、2018、「EBPMに対する温度差の意味するところ」『医療経済研究』30(1)：1－4。

高山敬太、2018、「PISA研究批評――国際的研究動向と「日本」の可能性」『教育学研究』85(3)：332－343。

谷岡一郎、2000、『「社会調査」のウソ――リサーチ・リテラシーのすすめ』文藝春秋。

鳶島修治、2010、「全国学力テストの悉皆実施はいかに正当化されたか」『社会学年報』39：75－86。

轟亮・杉野勇、2017、『入門・社会調査法――2ステップで基礎から学ぶ』法律文化社、第3版。

東北大学、2011、「全国規模の学力調査における重複テスト分冊法適用の試み」。

――――、2012、「全国規模の学力調査における重複テスト分冊法の展開可能性について」。

――――、2013、「全国規模の学力調査におけるマトリックス・サンプリングにもとづく集団統計量の推定について」。

――――、2014、「東日本大震災の学力への影響――IRT推算値による経年比較分析」。

戸澤幾子、2010、「全国学力調査の見直し」『レファレンス』713：3－72。

土屋隆裕、2005、『社会教育調査ハンドブック』文憲堂。

――――、2017、「公開データを利用した学校単位のSES代替指標の作成」『平成28年度文部科学省委託事業「学力調査を活用した専門的課題分析に関する調査研究」研究成果報告書』、51－62。

津島昌寛・山口洋・田邊浩、2014、『数学嫌いのための社会統計学』法律文化社、第2版。

内田良・広田照幸・髙橋哲・嶋﨑量・斉藤ひでみ、2020、『迷走する教員の働き方改革――変形労働時間制を考える』岩波書店。

浦岸英雄、2010、「全国学力テストはなぜ実施されたのか」『園田学園女子大学論文集』44：27－39。

卯月由佳・末冨芳、2015、「子どもの貧困と学力・学習状況――相対的貧困とひとり親の影響に着目して」『国立教育政策研究所紀要』144：125－140。

Wu, M., 2009, "Issues in Large-Scale Assessments," *Keynote Address Presented at PROMS 2009.*

山田哲也、2008、「新学力テストの性格と課題――ペダゴジーの社会学の視角から」『日本教育政策学会年報』15：38－57。

山森光陽・奥田麻衣、2014、「児童生徒－教師比の縮減を目的とした追加的教員配置の有無による小学校算数学力調査正答率の学校平均の比較――全国学力・学習状況調査データを用いて」『国立教育政策研究所紀要』143：197－207。

山本信一・井上麻央、2015、「学級規模と学力――47都道府県のパネルデータ分析」『生活経済学研究』41：55－64。

安井翔太、2020、『効果検証入門――正しい比較のための因果推論／計量経済学の基礎』技術評論社。

川口俊明
福岡教育大学教育学部准教授．大阪大学大学院人間科学研究科博士後期課程修了．専門は教育学・教育社会学．文部科学省「全国的な学力調査に関する専門家会議」委員．
共著に『日本と世界の学力格差——国内・国際学力調査の統計分析から』『学力政策の比較社会学【国内編・国際編】』(明石書店)ほか，論文に「学力調査の政治」(『教育社会学研究』106)，「項目反応理論と潜在クラス成長分析による自治体学力調査の再分析——算数・数学の学力格差とその変容」(『日本テスト学会誌』15［1］)，「日本の学力研究の現状と課題」(『日本労働研究雑誌』614)ほか．

全国学力テストはなぜ失敗したのか
—学力調査を科学する

2020年9月4日　第1刷発行
2020年11月16日　第2刷発行

著　者　川口俊明《かわぐちとしあき》

発行者　岡本　厚

発行所　株式会社　岩波書店
〒101-8002 東京都千代田区一ツ橋2-5-5
電話案内 03-5210-4000
https://www.iwanami.co.jp/

印刷製本・法令印刷

ISBN 978-4-00-061419-1　Printed in Japan